AF261567

LA

RÉPUBLIQUE NEUTRE

D'ALSACE

PAR

LE C^{TE} AGÉNOR DE GASPARIN

SECONDE ÉDITION

GENÈVE ET BALE

H. GEORG, LIBRAIRE-ÉDITEUR

1870

Imprimerie Ramboz et Schuchardt.

SOMMAIRE

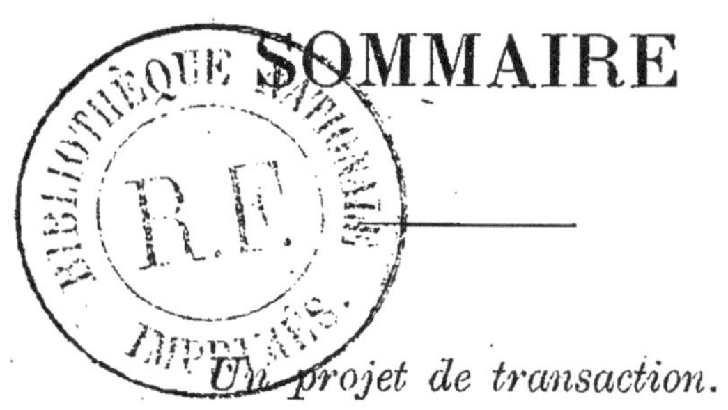

Un projet de transaction.

Nécessité de mettre fin à cette terrible guerre. Les deux programmes absolus. Une transaction s'offre naturellement : ne donner l'Alsace ni à l'Allemagne ni à la France, la donner à elle-même. C'est devant l'opinion publique que la négociation doit être transportée. Examen des propositions qui n'atteignent pas le but. Exposé du projet de transaction : l'état nouveau laisserait la Lorraine à la France, à l'exception du district qui parle allemand ; toutes les forteresses d'Alsace et de Lorraine seraient rasées. L'Allemagne obtiendrait ainsi la sécurité de sa frontière, et le traité imposerait un sacrifice à la France, sans attenter à son honneur et sans opérer un trop grand déplacement de forces. La conquête créerait une situation provisoire ; l'indépendance créera une situation définitive. Il y a en Alsace une vraie nationalité : république de Strasbourg et de Mulhouse. Quoique petit, le nouvel Etat ne manquera pas de force, et d'ailleurs l'Europe, si elle veut la paix, veillera sur la zone neutralisée.

IV

L'intérêt de la France.

Le premier intérêt de la France c'est celui de son honneur. Comment l'honneur français serait compromis par l'abandon de l'Alsace et de la Lorraine. Essai d'étude sur le droit de conquête, et aussi sur le vote des populations. En quoi consisterait précisément le sacrifice de la France. C'est quelque chose d'enfanter un pays libre. Aucun traité plus favorable ne saurait être conclu par la France. Les illusions de la guerre à outrance : l'Allemagne ne s'est pas engagée à nous suivre partout où nous voudrions aller ; il est probable que, si elle prend Paris, elle retournera chez elle en gardant des gages, et qu'elle ira nous attendre dans le quadrilatère de Metz, Strasbourg, Belfort et les Vosges, renvoyant chez elle ses landwehrs. On ne refait pas 1792. D'ailleurs la guerre à outrance, qui ne présente aucune chance sérieuse, aurait le double inconvénient de nous endurcir et de nous asservir. Sans la paix, point de liberté. Sans la paix, point de relèvement. Ce que peut être le relèvement par la liberté. Aucune perte de territoire, aucune défaite ne tue un grand peuple ; on ne meurt que de la maladie intérieure.

L'intérêt de l'Alsace.

Pourquoi nous supposons qu'elle aura la forme républicaine. L'Alsace neutre sera le plus heureux pays du monde. Grandeur des petits pays, particulièrement des pays neutres. Situation financière, militaire, diplomatique, commerciale, religieuse. L'Alsace neutre pourrait devenir un pays modèle. Mais triste sort de l'Alsace conquise.

V

L'intérêt de l'Allemagne.

L'Allemagne est unanime, dit-on, en faveur de la conquête. Raisons d'espérer que son opinion sur ce point et celle de ses hommes d'État pourront se modifier. Aucune offre sérieuse ne lui a été encore faite ; celle-ci brise la force agressive de la France sur la frontière allemande et introduit un changement considérable. — Mais l'Alsace restera française de cœur ! Réponse à cette objection. La conquête c'est le provisoire, l'indépendance c'est le définitif. Un peuple libre et heureux fait lui-même la police des intrigues. D'ailleurs la garantie européenne prend une grande valeur dès que la zone neutralisée devient une institution d'intérêt général. La conquête de l'Alsace ne peut être utile à l'Allemagne que si elle songe à attaquer. En donnant les mains à la transaction, elle démontrerait qu'elle poursuit un seul but, assurer sa sécurité. L'opinion se tourne contre elle, et elle doit y prendre garde. — Mais la France cherchera une revanche, et il faut que l'Allemagne prenne position pour cette guerre inévitable ! Réponse. Après une paix écrasante, la soif de vengeance dominera ; après une paix honorable, d'autres sentiments prévaudront. Action produite par l'horreur de la guerre actuelle, par la suppression des armées permanentes et par l'institution des landwehrs. La paix modérée sera seule une paix signée. Seule elle permettra à l'Allemagne de réaliser son unité. Par la conquête, elle sacrifierait la grande politique à la petite, et tournerait le dos au magnifique rôle qui peut être le sien. La grande politique c'est la politique pacifique et généreuse.

*

L'intérêt de l'Europe.

Il faut fermer la porte des guerres. Il semble qu'on est tenu à laisser cette porte ouverte, à interrompre la zone neutralisée, pour que la France et l'Allemagne puissent s'attaquer. Cette quatrième neutralité fortifiera les trois autres ; on ne respectera véritablement les pays neutres que lorsqu'ils feront partie d'un ensemble, d'un même boulevard, le boulevard de la paix européenne. Cette grande institution peut seule fournir une base à l'arbitrage et à la police de la paix. Il faut plus que la paix, il faut l'apaisement. Avec une nation d'irréconciliables, la paix ne serait qu'une veillée des armes. Et puis, un trop grand déplacement des forces romprait tout équilibre. Les prépotences appellent les réactions. Trouble profond qu'introduirait en Europe l'affaiblissement excessif de la France. D'autre part, il importe à l'Europe que l'Allemagne absorbe la Prusse, au lieu d'être dominée par elle. Avec la conquête, l'Allemagne s'efface derrière la Prusse. Avec la conquête, la guerre indéfinie. Avec la conquête le principe des nationalités, pangermanisme, panslavisme. Avec la conquête, une France révolutionnaire, l'incendie menaçant tous les États. La zone neutralisée prévient tous ces malheurs, et donne à l'Allemagne son grand rôle de puissance conservatrice et libérale.

Conclusion.

Appel à l'esprit de paix. Ce que produisent les sentiments haineux. Nos maximes unilatérales. Soyons justes envers nos ennemis, et tout en réprouvant ce qu'ils font de mal, sachons nous mettre à leur place. Appel à l'esprit de liberté. Il est temps de renoncer à la théorie du silence. Il est temps de consulter la France sur ses plus grands intérêts. Les deux patriotismes; ils sont en présence aujourd'hui, comme au moment de la déclaration de guerre. Appel à la médiation européenne. L'heure est suprême, les destinées de l'Europe vont se fixer pour long-temps.

Peut-être est-ce un crime de prononcer aujourd'hui des paroles d'équité et de paix (1). Ce crime, je l'ai commis deux fois. Le lecteur peut en croire celui qui a reçu les coups, on malmenait fort il y a quatre mois quiconque se permettait d'aimer assez la France pour lui dire la vérité. Lorsque le 18 juillet, plusieurs semaines avant le premier coup de canon, j'exprimais un sentiment qui était celui de bien des gens, et que tout le monde maintenant prétend avoir éprouvé, je ne rencontrais que désapprobation.

Voilà mon premier crime, il convenait de le rappeler au moment de commettre le second. Je n'ai pas attendu nos désastres pour protester contre la guerre. Avant de m'affliger comme malheureuse, elle m'avait blessé comme injuste. D'autres lui ont reproché d'avoir été mal préparée ; je lui ai reproché d'immoler le repos de l'Europe, l'avenir de la France, la civilisation et la liberté, avec une précipitation, avec une étourderie, avec un oubli du bon droit et du bon sens qui révoltaient ma raison autant que ma conscience. Quant aux conséquences effroyables de la

---

(1) Je publie sous forme de brochure les articles auxquels le *Journal de Genève* vient de donner une si sympathique et si libérale hospitalité.

déclaration de guerre, je ne me faisais aucune illusion. Voici comment je les signalais :

« A quel écolier fera-t-on croire qu'il s'agit d'une courte campagne ? Ce ne sont pas deux armées, ce sont deux nationalités, presque deux races qu'on se prépare à mettre aux prises (1). »

Ma conviction aujourd'hui est aussi claire, aussi ferme qu'elle était alors. Nous pouvions, nous devions écarter la guerre ; nous pouvons, nous devons y mettre un terme. Une transaction honorable s'offre à nous. La France proposant elle-même la république neutre d'Alsace, déterminerait un tel courant d'opinion dans toute l'Europe, à commencer par l'Allemagne, que nul n'essaierait d'y résister. La médiation trouverait dès cet instant la base qui lui a manqué jusqu'ici, elle parlerait haut et se ferait écouter.

Dans ma jalousie pour mon pays, je souhaite ardemment, je l'avoue, qu'il prenne cette noble initiative ; qu'ayant eu le tort de troubler la paix, il ait le mérite de la rétablir, et de la rétablir ainsi.

Il n'y a plus une heure à perdre ; le triste incident du Luxembourg nous le dit assez. C'est la politique de la guerre éternelle qui tente en ce moment les conseils du roi Guillaume, et qui ose même se produire effrontément en pleine Angleterre. A la politique de la guerre éternelle opposons la politique de la paix définitive, de la paix loyale, assurant à l'Allemagne les garanties qu'elle réclame, imposant à la France un très-grand sacrifice, mais ne lui imposant rien qui soit contraire à son honneur.

Il faut mettre en présence les deux politiques ; les hommes sensés choisiront.

L'une ferme la porte des guerres ; l'autre prend soin de l'élargir. L'une supprime la contiguïté entre la France et l'Allemagne ; l'autre accroît cette contiguïté et s'arrange

(1) *La Déclaration de Guerre*, page 11.

pour qu'on soit moins gêné dans les prochaines campagnes qu'on ne l'a été dans celle-ci. L'une affermit les neutralités en les complétant; l'autre affaiblit toutes les neutralités en montrant avec quel sans façon on les traite. L'une donne à la zone neutralisée le caractère d'une institution européenne, précieuse pour tous, garantie par tous, gardée par tous; l'autre s'attache à battre en brèche cette institution, qui menacerait de rendre les guerres plus rares et de donner enfin du repos à notre vieux monde épuisé. L'une crée un nouvel État indépendant; l'autre supprime, au mépris d'un traité solennel, une des indépendances existantes. L'une fait appel à la liberté, l'autre proclame le règne de la force. L'une apporte la vraie paix aux petits États comme aux grands; l'autre avertit les grands qu'ils ne cesseront jamais de combattre, et dit aux petits que la menace d'une suppression sommaire plane dorénavant sur leur avenir.

J'ai essayé de présenter ici la première de ces politiques. Ne désespérons pas, alors même que la seconde viendrait à prévaloir. Les triomphes de la violence sont courts; l'heure du bon droit finit par sonner. En fût-il autrement, nous ne regretterions certes pas d'avoir dit ce qui est vrai, et proposé ce qui est juste.

On le voit, je ne publie pas un livre, j'accomplis un acte. Puissé-je être entendu! Ma voix est faible; il ne sera pas difficile de l'étouffer une seconde fois sous les clameurs.

Valleyres, 14 décembre 1870.

LA

RÉPUBLIQUE NEUTRE D'ALSACE

UN PROJET DE TRANSACTION

I

Il faut que cela finisse ; le poids de cette affreuse guerre
ne se peut plus supporter ; de toute part en Europe on réclame à mains jointes la paix, et le cri de douleur poussé
l'autre jour par vingt mille femmes n'a fait qu'exprimer
le sentiment qui oppresse la conscience universelle. On a
cessé, j'ose presque le dire, de s'intéresser à la guerre.
Elle n'est plus que triste ; la tristesse domine seule désormais, elle écarte les autres impressions.

Mais, si la paix est nécessaire, comment deviendra-t-elle
possible ?

Telle est la question qui se pose, et j'avoue qu'elle fait
naître en moi des angoisses patriotiques que je n'avais pas
éprouvées après Sadowa.

La douleur de la déclaration de guerre a été bien poi-
gnante ; la douleur de la prolongation de la guerre ne le
cède en rien.

Que faut-il faire ? Il faut en finir. Mais comment en finir ? Un seul moyen se présente, la transaction.

Lorsque l'on est très-éloignés l'un de l'autre, il n'est possible de se rencontrer qu'à la condition de faire chacun une partie du chemin.

J'écarte la supposition qui fait faire tout le chemin à un seul. Ceci, c'est l'écrasement.

Je me refuse à penser que personne le veuille. Au reste, vouloir l'écrasement ce serait vouloir la lutte indéfinie, la guerre à outrance.

Ni armistice ni paix ne pourront se négocier, tant que deux volontés inflexibles seront aux prises. La difficulté est là ; diplomates et médiateurs n'obtiendront quoi que ce soit, aussi longtemps qu'on ne pourra pas se rencontrer sur un terrain commun. L'habileté est ici en pure perte ; ce qu'il faut, c'est de la modération et du bon sens.

Je défie les plus habiles d'amener un accord quelconque, entre la France et l'Allemagne, si les deux programmes absolus restent en présence : d'un côté, pas un pouce de notre territoire ; de l'autre côté, annexion de l'Alsace et de la Lorraine, y compris Metz.

Ou une transaction interviendra, ou le duel des deux nationalités aux prises réalisera toutes les horreurs que nous avions pressenties au mois de juillet. De part et d'autre on s'obstinera avec la ténacité qui caractérise les luttes suprêmes, et la guerre à outrance amènera un progrès dans la férocité, devant lequel devront reculer tous les autres progrès du XIXme siècle.

Heureusement qu'un point de vue intermédiaire apparaît entre les points de vues opposés des deux pays. L'Allemagne veut s'annexer l'Alsace ; la France veut la garder. Pourquoi ne prendrait-on pas le parti de ne donner ce pays ni à l'une ni à l'autre, de le donner à lui-même ?

Un pays indépendant et neutre comme la Belgique et

comme la Suisse, semble trouver sa place naturelle et remplirait certes un rôle important entre les Germains et les Gaulois.

Avouez que cette fois (je ne dis pas toujours), le juste milieu est la justice, la justice et la liberté.

Voilà, si je ne me trompe, de quel côté se rencontrera la solution que cherchent avec anxiété tous les hommes de cœur, tous ceux du moins qui ont conservé assez de sang-froid pour voir la situation telle qu'elle est. Comment échapper à l'inexprimable douleur de livrer à nos adversaires des compatriotes dévoués, courageux, et qui viennent de souffrir pour notre cause ?

Comment offrir aux Allemands, en dehors de ce déplorable abandon, les garanties de sécurité qu'ils réclament et que notre attaque récente, s'ajoutant à des attaques anciennes, a rendues nécessaires à leurs yeux ? L'Alsace neutre et le rasement des forteresses répondent à cette double question et concilient ce qui paraissait inconciliable.

Je l'affirme, il me reste à le démontrer.

Puisque les médiations des gouvernements sont demeurées impuissantes, il est temps d'essayer une autre médiation, celle de l'opinion publique.

Si j'ose mettre en avant un tel projet, c'est que je n'engage que moi.

Je n'ai aucun droit assurément à parler au nom de la France et aucun parti ne m'a donné mission de parler en son nom. Je n'ai même consulté ni parents ni amis, tenant à ne partager avec personne la responsabilité d'une démarche dont je comprends la gravité.

Il est bon d'ailleurs que les idées fassent leur chemin toutes seules : cette épreuve de l'isolement leur est salutaire ; on est sûr que si elles réussissent elles ne le doivent qu'à leur valeur propre.

Celle-ci a de médiocres chances, je ne le sais que trop. Lorsqu'une proposition un peu nouvelle se présente, le premier mouvement est de lui courir sus ; les objections naissent en foule, les côtés faibles sont vite signalés. Or il n'y a pas de projet qui n'ait ses côtés faibles, celui-ci a les siens ; je les connais, ils m'ont tous frappé, et je les indiquerai. Mais peut-être en sera-t-il des autres comme de moi ; si les objections se sont présentées les premières à mon esprit, une impression bien différente est venue ensuite ; plus j'y réfléchis, plus je me suis affermi dans cette pensée que la seule solution pratique et réellement pacifique se trouve là. Je ne désespère pas d'en convaincre les hommes raisonnables et sincères, les vrais amis de la paix en France, en Alsace, en Allemagne et en Europe.

Cela ne se fera pas tout seul sans doute, et les indignations ne feront défaut nulle part. En France, bien des gens s'imaginent qu'il ne faut rien céder, que la levée en masse et la guerre à outrance sont à la veille d'anéantir les Allemands ; n'entendons-nous pas dire qu'il ne faut pas même consentir à une contribution de guerre ! L'Allemagne, de son côté, traitera de suspecte toute proposition qui ne sera pas l'annexion des provinces ; il lui faut cela ; ses stratégistes et ses hommes d'État l'ont déclaré, sa population unanime le veut, sa sécurité est à ce prix, elle n'a pas versé son sang à flots pour obtenir moins que cela.

La modération fait triste figure au milieu des passions surexcitées ; les partisans d'une paix raisonnable risquent fort de passer pour des traîtres aux yeux des Français et des Allemands.

Je ne me fais donc aucune illusion sur l'accueil qui attend mon projet à sa première entrée dans le monde. C'est le sort des transactions d'avoir d'abord tout le monde contre elles et d'être mal menées par les esprits superficiels et absolus. Les seules transactions qui trouvent des champions, ce sont celles qui manquent de sincérité, qui n'ont de la transaction que l'apparence, et qui donnent en réalité gain de cause à un seul parti.

Nous sommes à un de ces moments de l'histoire où les violents ont la parole et où les résolutions extrêmes font fortune. Est-ce une raison pour se décourager et se taire ? Nos silences nous créent tant de repentirs depuis quelques mois, que décidément nous devons parler. Il s'agit d'un devoir, non d'un succès ; il s'agit d'obéir, non de réussir ; il s'agit de servir la vérité quelles que soient ses chances.

Et qui sait ! Peut-être réussirons-nous. Peut-être s'avisera-t-on, quoique un peu tard, d'arrêter le mal qui s'accomplit en pure perte, faute de savoir prendre un parti et de vouloir fermement la paix.

Il ne suffit pas de vouloir, il faut vouloir à temps. Au point de vue de l'Allemagne, que de misères évitées, si elle avait su retourner chez elle après Sedan, se contentant de prendre des gages et d'achever les siéges en Alsace et en Lorraine ! Au point de vue de la France, quelles chances de paix raisonnables et honorables on a laissé échapper, pour n'avoir pas proposé résolûment, après Sedan d'abord, après Metz ensuite, des bases que l'Allemagne pût accepter ! La base même que j'indique en ce moment aurait eu de bien autres chances si notre gouvernement l'avait admise et présentée un peu plus tôt.

Entrons maintenant dans l'exposition du projet. Il serait puéril de se borner à l'énoncer ; ce serait vouloir ameuter tout le monde contre lui. Quelques mots lancés à l'aventure ne serviraient de rien, il est nécessaire de démontrer, et de démontrer avec détail.

La négociation, je l'ai dit, se transporte sur un nouveau terrain. C'est l'opinion publique que nous avons à convaincre, c'est devant les deux pays que le projet de transaction doit se présenter. Les propositions d'armistice et les conversations à huis clos entre hommes d'État ont fait leur temps. Reste la propagande des idées. Elles ont leur manière à elles de négocier ; elles emploient des médiateurs qui s'appellent la conscience, le bon sens, l'humanité. Sans déclamation d'aucun genre, sans mauvaise habileté non plus, elles peuvent faire leur chemin.

Le lecteur sait déjà que je ne me flatte pas de rencontrer au début beaucoup d'encouragements; mais la vérité est une grande puissance, et les grandes puissances de l'Europe feront bien de tenir compte de celle-ci. Les illusions de la France, les exigences de l'Allemagne compteront avec elle en définitive.

L'opinion réelle de la France se fera jour, je l'espère, et alors nous en viendrons à comparer les sacrifices de la paix et les sacrifices de la guerre. Nous nous demanderons où nous mène la lutte à outrance; nous nous demanderons en même temps si l'indépendance et la neutralité de l'Alsace ne seraient pas une solution conciliable avec notre honneur.

Quant à l'Allemagne, il y a sans doute chez elle une unanimité qui n'est pas sans raideur et qui approche parfois de la dureté. Mais l'Allemagne est un pays intelligent; c'est la terre promise de l'examen et de la discussion : il ne sera pas dit qu'une idée sérieuse et loyale n'y soit pas sérieusement et loyalement débattue. Ne désespérons jamais du sort des idées justes dans les pays qui savent lire et penser. Au fond, l'unanimité passionnée et intolérante qui règne là-bas tient à la confiance que l'Allemagne met dans ses chefs. L'opinion de chaque Allemand peut se traduire ainsi : « Bismarck et Moltke réclament l'annexion des provinces ; or, ils savent mieux que moi ce qu'il nous faut. » Que MM. de Bismarck et de Moltke en viennent à admettre l'Alsace neutre comme une garantie suffisante de sécurité et de paix, l'opinion de l'Allemagne ne refusera pas de se modifier avec celle de ses hommes d'État.

II

Entrons en matière, et pour commencer, écartons les projets qui n'ont aucune chance d'être proposés utilement.

On a parlé d'une occupation de fait remplaçant la cession de droit. Les troupes allemandes resteraient pendant un certain nombre d'années en Alsace et en Lorraine ; ces deux provinces seraient administrées par l'Allemagne, puis au bout du temps convenu, on les consulterait par un vote.

Les inconvénients sautent aux yeux. Le vote final, lentement préparé, serait une vraie comédie. La situation des provinces, pendant cette période transitoire et sous le gouvernement d'une nation étrangère qui s'efforcerait de se les assimiler, ressemblerait beaucoup à la servitude. On sait, d'autre part, quels sont les périls du provisoire ; autant le définitif pacifie, parce que chacun s'accommode à ce qu'il ne peut changer, autant le provisoire est fécond en irritations et en griefs. Aucune prétention ne désarme ; c'est l'état de guerre continué. Heureux si la guerre proprement dite ne sort pas de tant de frottements journaliers avant que le terme du provisoire ne soit arrivé !

Je cite pour mémoire la proposition de n'accorder à l'Allemagne d'autres avantages que le paiement d'une contribution de guerre. L'argent ne fournit en aucune mesure ces garanties de sécurité que les Allemands poursuivent avec autant de persistance que de conviction.

Lorsqu'ils nous déclarent qu'ils n'ont pas versé le meilleur de leur sang pour un sac d'écus, nous ne pouvons pas ne pas les comprendre.

Je crains que le démantèlement des places de l'Est ne soit pas de nature à les satisfaire beaucoup plus. Cet arrangement aurait eu peut-être des chances si l'on avait su le proposer à temps. Après Sedan, au lieu de proclamer la formule : « Pas un pouce de notre territoire, pas une pierre de nos forteresses, » il eût fallu prendre résolûment son parti, envisager la situation telle qu'elle était, et offrir courageusement le traité (le mot courage est bien placé ici), sur la base de la contribution de guerre et du démantèlement, en échange de la restitution des prisonniers. Strasbourg et Metz n'étaient pas encore pris ; la concession avait une réelle valeur et pouvait servir de base à une paix honorable qui aurait laissé l'Alsace entre nos mains et nous aurait épargné les désastres survenus depuis lors.

Aujourd'hui l'Allemagne peut nous dire qu'elle n'a pas besoin de notre permission pour raser les places qu'elle possède.

Un autre plan, qui a obtenu quelque faveur en Angleterre et que le *Times* a recommandé, ajouterait au démantèlement des forteresses la garantie des puissances ; celles-ci s'engageraient à prendre fait et cause pour l'un ou l'autre des belligérants actuels, en cas d'attaques injustifiables. Mais qu'est-ce qu'une attaque injustifiable ? Indépendamment de ce moyen commode d'éluder l'engagement, personne ne se méprend sur le mérite de la garantie qu'un tel projet a la prétention d'assurer. On s'en est contenté pour la question du Luxembourg parce qu'on voulait à tout prix sortir d'affaire ; ici la chose est tout autrement sérieuse, et je ne pense pas que le *Times* ait jamais espéré le succès de sa proposition.

Au bout de quelques années un grand pays ne tient un engagement de ce genre et ne déclare la guerre qu'autant que cela lui convient. Chez les Anglais en particulier, il suffirait d'un changement de ministère pour rendre une déclaration de guerre impossible. Tout autre est la portée de la garantie qui s'applique aux États neutres : il s'agit d'un principe qui intéresse l'Europe entière, qui l'intéressera toujours, dont la violation aura toujours le caractère d'un attentat et d'un péril européen.

III

Le projet que je me permets de suggérer contient une concession beaucoup plus large faite à l'Allemagne, en même temps qu'il s'arrête fermement à la limite où commenceraient pour la France les sacrifices que de justes répugnances rendent presque impossibles.

L'Alsace serait séparée de la France sans être livrée à l'Allemagne. Elle formerait un pays indépendant et neutre.

On n'y joindrait que cette petite portion de la Lorraine qui parle allemand et qui n'est réunie à la France que depuis 1801. De la sorte la Lorraine resterait française; on se contenterait de raser les fortifications de Metz et de supprimer ce terrible camp retranché où les Allemands voient le point de départ des attaques dirigées contre eux.

Les forteresses de l'Alsace seraient rasées aussi, nonseulement Strasbourg et Belfort, mais aussi les places des Vosges et du Rhin. Ce démantèlement est indispensable pour deux motifs :

D'une part, on ne saurait imposer à un petit pays la charge écrasante d'entretenir ses forteresses et d'avoir une armée permanente pour les occuper.

D'autre part, les forteresses, si elles subsistaient, feraient naître des tentations perpétuelles; il vaudrait la peine de risquer un coup de main pour s'emparer d'un tel quadrilatère; l'Allemagne pourrait craindre qu'à l'aide des sympathies qu'elle excite, la France ne se remît un beau jour en possession d'une position importante qui faciliterait une nouvelle attaque. Avec le rasement de toutes les forteresses d'Alsace et du camp retranché de Metz, une semblable équipée ne mènerait à rien, et la France se mettrait sans profit dans son tort en violant une neutralité consacrée par l'Europe.

On voit quel est le caractère de ce projet : ne pouvant laisser l'Alsace à la France, éviter de la donner à l'Allemagne; la donner à l'Europe, à la paix publique et avant tout à elle-même.

Ainsi, nous écarterions une consécration nouvelle du droit de conquête; une population ne serait pas livrée sans son consentement, comme on livre un troupeau de bétail.

La France ne subirait pas l'affaiblissement qui lui serait infligé, si perdant l'Alsace, elle la voyait transférée à l'Allemagne, et si de plus elle perdait Metz et une partie de la Lorraine française.

Enfin, les vœux de l'Allemagne seraient réalisés en ce qu'ils ont de manifestement légitime, puisque les forteresses seraient rasées et puisque un État neutre créé aux dépens de la France et participant aux garanties sérieuses des pays neutres, opposerait désormais un obstacle à nos agressions.

Je ne fais qu'indiquer; j'aurai à développer et à démontrer plus loin.

IV

Et d'abord, écartons une objection qui se présente d'elle-même. Si elle était fondée, le projet entier croulerait par la base. Nous ne pouvons donc faire un pas de plus, sans l'avoir examinée.

L'Alsace, dit-on, ne remplit pas les conditions, en dehors desquelles un pays indépendant ne saurait subsister. Il lui manque une vraie nationalité, il lui manque une vraie force. Les neutralités ne sont sérieuses qu'autant qu'elles trouvent sur quoi s'appuyer. La Suisse possède une neutralité réelle, parce qu'elle possède aussi les moyens de la faire respecter : elle est une nation, et elle occupe une forteresse naturelle : les Alpes. La Belgique possède de son côté une neutralité réelle, quoique moins solide peut-être. L'Angleterre veille sur elle et ne permettra à personne de prendre possession d'Anvers.

S'il s'agissait d'une création artificielle et par conséquent provisoire, je serais le premier à m'élever contre cette neutralité de transition destinée à résoudre ou plutôt à éluder la difficulté actuelle, en préparant des difficultés futures. Les situations provisoires encouragent toutes les prétentions et font naître tous les conflits.

Personne n'en est plus convaincu que moi, mais je prétends que c'est l'Alsace neutre qui est définitive et que c'est l'Alsace conquise qui est provisoire.

Avec l'Alsace libre et neutre, la France désarme, l'Europe se calme, chacun accepte un moyen terme qui ne blesse l'honneur d'aucune puissance et qui a le mérite d'être libéral.

Avec l'Alsace conquise, tous les ressentiments subsistent, nul ne désarme, la France conserve la pensée fixe de reprendre ce qu'on lui a pris, la conquête ne se maintient qu'en attendant mieux, en attendant une guerre plus heureuse, en attendant une ambition de la Russie, en attendant les occasions et les alliances.

V

Mais on ne crée pas une nationalité ; ce qu'un traité a fait, un autre traité pourra le défaire !

J'en conviens encore, et quoique la Belgique ait été créée par un traité en 1830, je reconnais qu'un peuple ne peut vivre qu'autant qu'il a cet ensemble de traditions, ces souvenirs historiques, ces liens de la langue, des idées, du travail intellectuel, cette vie commune en un mot qui constitue l'individualité.

Sans individualité, il n'y a pas d'hommes, sans individualité, il n'y a pas de nations. L'individualité seule résiste et subsiste.

Non, les nationalités ne se créent pas. Toutefois, si les traités ne peuvent les faire naître, les traités peuvent les ressusciter. Or, il y a eu une nationalité alsacienne.

L'histoire en témoigne et il est difficile d'en douter, pour peu que l'on considère de près cette province qui a conservé, presque seule entre toutes, un caractère qui lui est propre. Ce n'est pas seulement à la langue que je pense, quand j'affirme que l'Alsace est autre chose que deux départements : le Bas-Rhin et le Haut-Rhin. Elle est très-attachée à la France, et en même temps elle est elle-même. Nous connaissons tous une littérature alsacienne, tenant à la fois de la France et de l'Allemagne, introduisant dans chacun des deux pays les idées de l'autre. C'est précisément le rôle réservé à l'Alsace neutre, la place qui lui est providentiellement marquée.

Je disais tout à l'heure que si l'on ne crée pas les nationalités, on les ressuscite quelquefois. Les Pays-Bas, longtemps possédés par l'Autriche, n'en ont pas moins retrouvé une nationalité réelle. La Grèce a retrouvé sa nationalité après la longue domination des Turcs. Genève et le Valais ont retrouvé leurs nationalités après la chute du premier empire.

Pour ressusciter, il faut avoir vécu sans doute ; mais l'Alsace a eu pendant des siècles une vie très-distincte et très-libre. Sans remonter au temps de ses comtes et de ses ducs, parmi lesquels figurent des Hohenstaufen et des Habsbourg, nous voyons là de nombreuses républiques, entre autres Strasbourg.

Strasbourg se gouverne comme un État indépendant, lié à l'empire d'Allemagne au même titre que Genève, résistant mieux que Genève aux usurpations épiscopales, combattant à côté des Suisses aux batailles de Grandson, de Morat et de Nancy. Il ne fallut rien moins que le guet-apens de Louis XIV pour mettre fin à cette existence républicaine. Louis XIV fit précisément à Strasbourg la besogne que les ducs de Savoie tentèrent de faire à Genève. On sait pourquoi tant de gens parlent encore allemand à Philadelphie. Cela tient à l'émigration des Strasbourgeois et des autres Alsaciens fuyant la tyrannie de Louvois et les violences des Chambres de réunion. Voilà pourquoi, disons-le en passant, la liberté sous sa forme républicaine n'aurait rien de nouveau dans le pays neutre qu'il s'agirait de créer.

Cet État libre serait sans doute un petit État. Est-ce une raison pour qu'il soit incapable de remplir sa mission et de prêter à la garantie européenne le point d'appui dont elle a besoin ?

L'Alsace, entre le Rhin et les Vosges, est bien mieux délimitée, bien plus facile à défendre que la Belgique. L'Alsace possède d'ailleurs une population militaire, qui a fait ses preuves en tout temps et qui vient de les faire de nouveau ; les mœurs vigoureuses de ce petit pays, son goût pour la liberté modérée, son éloignement pour les extrêmes le rendent particulièrement capable de se gouverner et de se faire respecter.

En fût-il autrement, la neutralité de l'Alsace est à un tel point réclamée, je le montrerai, par les intérêts les plus essentiels de l'Europe, que la garantie des puissances lui fournirait la force qu'elle ne trouverait pas en elle-même.

Si la nationalité alsacienne manquait de cette consistance qu'elle possédera selon moi, si l'Alsace n'était pas un pays, eh bien, à défaut d'un pays, ce serait quelque chose d'avoir un espace. Oui, un espace neutralisé, un espace sacré, où ni la France ni l'Allemagne ne pourraient mettre le pied sans soulever contre elles toute l'Europe.

Lorsque la zone neutralisée aura été complétée par l'Alsace, elle deviendra évidemment une grande institution européenne. Pour la police de la paix, ce sera d'une importance suprême qu'il y ait là un espace neutre, à défaut même d'un vrai pays neutre ; il faut qu'un fait matériel mette en jeu, sans discussion possible, les forces de l'arbitrage européen.

L'INTÉRÊT DE LA FRANCE

I

Le premier de nos intérêts, c'est celui de notre honneur. Je touche ici au point délicat, à la difficulté véritable, à l'explication de cette contradiction apparente : le désir de la paix et le rejet des conditions de la paix.

Oui, nous désirons la paix, mais les conditions qui y ont été mises jusqu'ici nous blessent. Comment sortir de là. En essayant de réaliser la paix avec des conditions différentes.

Il ne me sera pas difficile de démontrer que celle dont je viens de donner un aperçu ménage les justes susceptibilités de l'honneur français, tout en assurant à l'Allemagne les garanties qu'elle poursuit, qui sont le seul but avoué et, je le crois aussi, le seul but réel de sa persistance à combattre.

Il y a un verre grossissant au travers duquel nous voyons toutes choses. Ce verre, c'est l'indignation un peu factice que l'idée de conquête soulève parmi nous, depuis qu'au lieu de conquérir, nous courons le risque d'être conquis.

Je n'aime pas la conquête et je dirai pourquoi. Non-seulement elle me blesse comme principe, mais dans son application à l'Alsace et à la Lorraine elle me blesse doublement. Ce n'est pas que l'honneur de la France soit d'une qualité particulière, c'est qu'il y a réellement un lien particulier entre ces provinces et nous. Elles viennent de combattre et de souffrir, leur attachement s'est fortifié par la souffrance même; il est en quelque sorte impossible d'acheter la paix, si nécessaire qu'elle soit, en livrant ces fidèles compatriotes à une domination qu'ils repoussent.

Voilà ce que je pense de l'abandon proprement dit; mais la création d'une Alsace indépendante est loin d'avoir le même caractère. Il suffit pour s'en assurer de réduire à leurs justes proportions les idées que nous nous faisons sur le droit de conquête. Envisageons le sujet de sang-froid.

L'abolition du droit de conquête sera l'un des plus beaux fruits de l'esprit de paix et de liberté. Aussi les amis de la paix et de la liberté (ces deux causes étroitement unies) sont-ils au fond les seuls adversaires sérieux du droit de conquête.

Comme amis de la paix, nous maudissons un usage qui n'a cessé, depuis que le monde existe, d'exciter les passions guerrières. S'il est vrai que la conquête peut être quelquefois le châtiment d'une agression injuste, il est bien plus vrai encore qu'elle constitue la tentation perpétuelle sans laquelle les agressions injustes seraient bien plus rares.

Comme amis de la liberté, nous réprouvons énergiquement un usage en vertu duquel les populations sont vendues comme on vendrait des troupeaux. Nous respectons trop l'âme humaine pour admettre qu'il soit loisible d'en disposer ainsi. Cela était bon pour l'époque païenne, cela était bon pour le moyen âge; donner des peuples par échange, par testament, par contrat de mariage, enfin par conquête, ajouter ou retrancher cent mille âmes, un million d'âmes à tel État, cela était bon pour ces temps d'obscurité et de tyrannie que l'esprit moderne, je l'espère, a définitivement remplacés.

Mais si le droit de conquête doit disparaître, je ne vois pas en vertu de quel motif nous imposerions à l'Allemagne le devoir d'inaugurer ce progrès, qui n'a encore été réalisé par personne. Je vois encore moins sous quel prétexte nous nous indignerions de ce qu'elle ne donne pas la première cet exemple, nous qui sommes partis pour Berlin, et qui, arrivés là, après une série de victoires, ne serions certes pas revenus sans annexer les provinces rhénanes.

On le voit, je ne conteste pas que la conquête ne soit contraire au droit ; mais qu'est-ce que la guerre, sinon la négation du droit et son remplacement par la force ? Tâchons d'abolir la guerre, ne nous flattons pas trop de l'adoucir.

A ce premier aveu ne craignons pas d'en joindre un autre : certaines conquêtes semblent tellement nécessaires, qu'on parvient malaisément à se persuader qu'elles ne se feront pas tôt ou tard, en vertu de la force même des choses. Comprenez-vous la France respectant à tout jamais les enclaves qui brisaient son unité il y a quelques siècles, la France sans la Normandie et sans le Poitou ? Comprenez-vous la Prusse se résignant à être coupée en deux par le Hanovre, l'Italie renonçant à relier le nord au sud par l'annexion des États Romains, l'Espagne se disant qu'elle ne possédera jamais Gibraltar ?

Faisons un pas de plus, et nous nous trouverons sur ce terrain de la vérité qu'il ne faut jamais quitter si l'on veut juger avec bon sens. Le droit de conquête a été exercé par toutes les puissances sans exception jusqu'à ces derniers temps. Le scandale qu'il excite est de fraîche date. Nous avons conquis l'Algérie et la Cochinchine, et nous ne nous sommes guère inquiétés, que je sache, de la violence que nous faisions aux sentiments des populations. Il est vrai que c'étaient des Arabes et des Cochinchinois ; mais j'ai la faiblesse de considérer les Arabes comme des hommes, et je pense même (passez-moi ce paradoxe) que les Cochinchinois ont une âme, qu'ils ont une patrie, et qu'en disposant d'eux en vertu de la force, on froisse des sentiments dignes de respect.

Au reste, il y a mieux que cela. Une grande république que nous aimons tous et qui marche en bien des choses à l'avant-garde de la civilisation, la république des États-Unis, s'est fait céder de vastes provinces, après l'expédition du Mexique; elle s'est annexé les populations sans les consulter, et nous n'avons pas songé à nous scandaliser alors. Nous ne nous sommes pas émus davantage lorsque les États-Unis ont négocié l'achat de l'Amérique russe, celui de la baie de Samana à St.-Domingue, celui des îles danoises.

Ce n'est pas tout : l'Europe entière, dans un traité solennel signé à Paris il n'y a pas quinze ans, a stipulé la cession d'une portion de la Bessarabie. L'idée de s'informer des sentiments d'une population transférée purement et simplement de la patrie russe à la patrie turque, cette idée n'est venue à personne.

Ne forçons aucun principe et méfions-nous des exagérations violentes dont le seul résultat aujourd'hui est de rendre la paix impossible, en rendant suspectes à nos yeux les propositions mêmes les plus modérées. Si la volonté des populations devait être respectée aussi strictement qu'on le réclame, le droit de conquête devrait être remplacé par le droit de séparation. L'Angleterre retient l'Irlande contre la majorité des Irlandais. Quand les États du Sud ont voulu se séparer du Nord en Amérique, nous avons applaudi Lincoln réduisant par la force cette révolte et obligeant une contrée immense à rester malgré elle dans l'Union. J'ajoute que le droit de séparation, cette traduction exacte du principe absolu en matière de consentement libre, aurait pour résultat l'anarchie en permanence dans toutes les contrées du globe.

Une dernière remarque, pour écarter une dernière réclamation. Dans notre indignation récente contre le droit de conquête, sans lequel notre pays serait encore l'Ile de

France ou peu s'en faut, nous avons instinctivement cherché un moyen honnête de concilier les annexions avec les principes. Le vote des populations nous a paru être ce moyen.

Je ne voudrais pas plus m'élever contre le vote des populations, quand il est vrai, que justifier en lui-même le droit de conquête; mais soyons sincères et voyons les choses telles qu'elles sont. Dans la pratique ordinaire, le vote des populations n'est qu'un mensonge, une comédie, l'acte le plus révoltant du pharisaïsme politique.

Il ressemble singulièrement au plébiscite : comme lui, il accorde à un peuple la liberté de choisir entre deux portes, dont l'une est ouverte et l'autre fermée. Un plébiscite bien posé, c'est la nécessité presque absolue de répondre oui; un vote des populations bien organisé, c'est la nécessité non moins évidente de consentir.

Une guerre terrible vient de se terminer; la cession d'une province est la condition principale du traité de paix; ce traité est signé; la province est abandonnée par son ancienne patrie, sous la seule réserve d'un vote de consentement. Que se passe-t-il alors? Comment la question du vote se formule-t-elle pour ceux qui doivent y prendre part? En quoi consiste la liberté qu'on se donne les airs de leur accorder d'une façon si large et si généreuse? Ils savent que le fait est accompli, que le traité ne peut être modifié dans son article fondamental. La guerre serait à recommencer, et il est inadmissible qu'elle recommence par leur fait. Ils voient très-clairement qu'on a compté sur leur adhésion, que le changement territorial est résolu. Comment refuser ce qui est devenu indispensable? Les plus courageux s'abstiennent de voter; tous se disent qu'émettre un vote contraire, c'est se signaler soi-même à la malveillance de l'administration, sans aucune chance d'empêcher une annexion qui est deux fois décidée, par la guerre d'abord, ensuite par le traité de paix.

Nous voudrions bien nous persuader à nous-mêmes que

nos conquêtes à nous ne sont pas des conquêtes, que nos conquêtes sont des annexions. Jusqu'à quand nous paierons-nous de mensonges? La conquête sous sa forme nouvelle serait plus odieuse parfois qu'elle ne l'était sous sa forme ancienne; il ne lui manquait que de se faire hypocrite!

Nous avons vu le vote des populations fonctionner solennellement au Mexique: l'unanimité, ou peu s'en faut, a élu l'infortuné Maximilien; quelques mois plus tard, la même unanimité sanctionnait l'autorité de Juarès. Si les populations des provinces rhénanes étaient consultées aujourd'hui, elles repousseraient en masse l'annexion à la France; mais, supposé que la guerre eût eu le succès auquel on s'était attendu, que notre armée victorieuse fût entrée à Berlin et qu'après avoir répandu des torrents de sang, nous eussions rapporté pour prix de nos triomphes un traité stipulant la cession de ces provinces, qui s'imaginera jamais qu'en les consultant pour la forme, nous n'eussions pas eu la pleine certitude qu'elles voteraient convenablement, et que le fruit de tant de batailles ne nous serait pas retiré par un scrutin.

Après toute guerre, il est évident que les choses se passent ainsi. Je crois qu'elles ne se passeraient pas différemment, dans le cas même où le traité n'aurait pas été précédé par la guerre. Lorsque nous réclamions avec tant d'instance une compensation, une rectification de frontières, un petit territoire, le district de Saarbruck par exemple, nous comptions fermement sur le vote favorable des populations, tout en sachant à merveille qu'elles ne souhaitaient pas d'être françaises.

II

Il n'était pas inutile de considérer d'un peu près ce droit de conquête, que nous condamnons tous et dont je m'efforce aujourd'hui même d'écarter l'application. Bien qu'en le combattant, nous ne saurions être trop en garde contre des exagérations qui enveniment tout. Tant que nous verrons dans la prétention de conquérir l'Alsace et la Lorraine une manifestation de méchanceté insultante et féroce digne des barbares du Nord, un procédé sans précédents, une injure réservée à la France seule, nous serons hors d'état d'apprécier à sa juste valeur cette forme de cession qui s'appelle la neutralité.

Il faut du calme pour juger de notre situation, pour en accepter les conséquences, pour faire courageusement et en temps utile le très-grand sacrifice qui seul peut nous préserver d'un sacrifice bien plus douloureux.

Le sacrifice est immense, je le répète ; mais du moins l'honneur est sauf ; nous ne sacrifions que nous. Il ne s'agit plus de livrer à une domination étrangère des compatriotes dévoués qui viennent de souffrir pour nous. En même temps, nous évitons cet énorme déplacement de forces qui se produirait, si la perte de la Lorraine s'ajoutait à celle de l'Alsace, surtout si les provinces arrachées à la France étaient ajoutées à l'Allemagne ; si celle-ci s'installait définitivement à Strasbourg, à Belfort, à Metz et dans tous les passages des Vosges.

Il est vrai qu'avec le système de l'Alsace neutre, les places fortes sont démolies, c'est une perte pour nous, ce n'est pas un gain pour les Allemands. J'ose affirmer en outre que la perte n'est pas très grande : le temps des forteresses semble passé ; c'est comme un reste de féodalité qui s'écroule. Les populations aujourd'hui ne restent plus groupées dans l'enceinte crénelée d'une ville ou sous la protection d'un château seigneurial ; d'ailleurs, les terribles engins dont on dispose rendent impuissante, après quelques semaines, la résistance des murailles. On a bien vu pendant cette campagne à quel point sont faibles les services rendus par les meilleurs retranchements. Metz lui-même n'a retenu devant ses remparts qu'une armée égale à celle qui s'y trouvait renfermée.

La transaction que nous recommandons ici n'est pas seulement honorable, elle n'est pas seulement propre à empêcher l'affaiblissement excessif de la France ; elle lui offre une consolation réelle, une joie qui se mêlera à ses douleurs. C'est quelque chose d'enfanter ainsi un pays libre. Quand l'Angleterre dut renoncer à ses colonies américaines, les Anglais amis de la liberté surent se réjouir de cette pensée : il y a un pays indépendant de plus ici-bas, les États-Unis sont nés.

C'est précisément parce que l'Alsace n'est pas la première province venue, parce qu'elle se rattache à nous par un lien qui n'est pas un lien ordinaire, parce que nous sacrifions plus en la perdant qu'on ne sacrifie dans la plupart des cessions territoriales, c'est pour cela que nous devons n'épargner aucun effort afin de stipuler pour elle la liberté. Savoir faire la part du feu, je ne connais pas d'autre moyen d'arrêter certains incendies.

M. Jules Favre semble avoir compris cette vérité : tout le monde a remarqué son discours adressé aux maires de Paris, le programme du gouvernement ne reparaît qu'avec une modification significative : « Nous ne céderons pas un pouce de notre territoire, » mais nous ne parlons plus des pierres de nos forteresses.

Et comment en parler ? Elles sont aux mains de l'ennemi. La possession est un fait, on ne peut éviter d'en tenir compte.

Si l'ennemi a dans ses mains nos forteresses, il a aussi dans ses mains une grande partie de nos armées. Obtenir la restitution de 300 mille prisonniers; c'est un avantage qui se paie et en échange duquel nous sommes tenus de fournir un équivalent.

En somme, traiter sur le pied de l'Alsace neutre et du démantèlement, ce serait obtenir une paix telle qu'aucun pays dans notre situation n'en a signé d'aussi favorable.

Je sais bien ce qui empêche d'accueillir l'idée d'une paix semblable : on ne cesse de nous répéter depuis quelque temps que nous ne pouvons tomber plus bas. Au pis-aller, s'écrie-t-on, nous nous trouverons plus tard dans la situation où nous sommes aujourd'hui.

Erreur. Notre situation peut devenir bien plus déplorable. Sans parler des vies d'hommes (il paraît que cela ne compte pas); sans parler des désastres qui peuvent s'ajouter à nos désastres, des misères qui peuvent s'ajouter à nos misères, les conditions de la paix risquent de devenir beaucoup plus écrasantes. Je ne parle pas seulement de la contribution de guerre dont le total monte chaque jour; je parle des autres bases de la paix. Elles se sont déjà aggravées, elles continueront à s'aggraver. Après Sedan nous pouvions traiter peut-être sur la base du démantèlement, aujourd'hui nous pouvons traiter peut-être sur la base du démantèlement et de l'Alsace neutre; plus tard on réclamera décidément l'annexion des provinces; plus tard encore cette annexion cessera d'être suffisante.

Mais, dit-on, la guerre à outrance nous réserve des chances nouvelles; nous lasserons et nous épuiserons l'ennemi; nous l'entraînerons si loin, que ses communications deviendront impossibles à garder; nous le forcerons à combattre si longtemps, que le désespoir saisira ces pères de famille et que ces armées fondront peu à peu sous l'action des intempéries et sous le feu des francs-tireurs; enfin nous perpétuerons tellement la lutte qu'un succès de nos armes ou une complication diplomatique viendront changer subitement les rôles.

Tel est le plan qu'on oppose aux partisans de la paix.

Ne nous a-t-on pas représenté ce gouvernement nomade, insaisissable, que l'armée allemande devra poursuivre de Tours à Bordeaux, de Bordeaux à Alger ?

Les Allemands, quoiqu'ils ne nous mettent guère dans la confidence de leurs projets, en ont assez dit pour nous faire comprendre qu'ils suivront leurs plans et non les nôtres et qu'ils ne voyageront à notre suite qu'autant que cela sera conforme à leurs intérêts.

Ils ont tenu à prendre Paris, persuadés que les luttes sérieuses avec la France ne se terminent que là. S'ils parviennent à prendre Paris, tout annonce qu'ils n'iront pas beaucoup plus loin. Après avoir fait sauter les fortifications de la capitale, ils retourneront tranquillement chez eux et licencieront leurs landwehrs. Ne pouvant traiter, ils se contenteront de posséder ; ils borneront leur occupation aux cinq ou six départements destinés par eux à leur servir de gages, afin de négocier la paix et d'obtenir la cession régulière de l'Alsace et de la Lorraine quand le moment en sera venu.

Ceux qui chez nous repoussent toute transaction pacifique et organisent la guerre à outrance devraient bien se demander si l'Allemagne a pris l'engagement de les suivre sur ce terrain.

N'est-il pas cent fois plus probable qu'après avoir diminué son armée elle ira nous attendre dans le quadrilatère des Vosges, de Metz, de Strasbourg et de Belfort ? Derrière ces places et tant d'autres que je ne nomme pas, elle pourrait patienter, sachant à merveille que les levées en masse ne fourniront pas une armée capable d'attaquer de semblables positions et de recommencer la guerre offensive dans des conditions beaucoup plus mauvaises que celles du mois de juillet. La guerre de guérillas tomberait d'elle-même lorsqu'il n'y aurait plus de détachements à attaquer et de communications à interrompre. Nous nous demanderions bientôt si le plus urgent n'est pas de délivrer par un traité de paix nos prisonniers retenus en Allemagne et nos départements gardés comme gages.

Tel sera le sort probable du projet de guerre à outrance. Et franchement, s'est-on rendu compte des conséquences qu'entraînerait cette guerre-là, si l'Allemagne était assez complaisante pour nous fournir le moyen de la faire?

Déjà quelques arrêtés de préfets permettent d'en juger. Les dévastations deviendront inutiles, car nous ravagerons la France de nos propres mains. On a pris la peine de nous traduire en langage vulgaire cette phrase officielle : « Faire le vide devant l'ennemi. » Cela veut dire brûler les blés, les fourrages, tout ce que nous ne pourrons pas emporter. Nous avions déjà la famine en perspective pour l'année prochaine; nous voilà sûrs de la famine pour plusieurs années.

Laissons, je le veux bien, les dévastations et les batailles, laissons les réquisitions, laissons les souffrances inénarrables qui iront en s'accumulant; ce n'est encore rien; et la guerre à outrance, dont on prononce si légèrement le nom, nous réserve de bien autres malheurs.

Cette guerre-là, c'est la guerre féroce, c'est celle qui excite jusqu'à l'exaltation tous les sentiments haineux et diaboliques du cœur. Nous sommes déjà en train de nous endurcir, c'est-à-dire d'empirer, de reculer sur le chemin de la civilisation ; que sera-ce lorsque nous serons entrés en plein dans les mœurs de la guerre de partisans? Les représailles appellent les représailles; on se met de part et d'autre à fusiller les prisonniers; l'habitude de verser le sang finit par produire la soif du sang. Malheur au pays qui passe par là! En dépit des dévouements patriotiques et des vaillances individuelles, il devient incapable de rentrer dans les voies régulières et de pratiquer la liberté.

Encore si le succès était probable! Mais il y a de l'enfantillage à essayer aujourd'hui un renouvellement de 92 et par-dessus le marché une copie de l'Espagne de 1808. On ne refait pas l'histoire : nous ne nous redonnerons pas à volonté cette première innocence et cette ferveur de la passion révolutionnaire qui animait nos pères de 1792, dans leurs luttes contre l'étranger; nous ne retrouverons ni l'élan, ni les armées, ni les généraux d'alors; nous retrouverons encore moins devant nous les troupes prussiennes de cette époque, leur tactique vieillie et leurs chefs incapables. Quant à l'Espagne de 1808, il nous manque, grâce à Dieu, bien des choses pour lui ressembler; il nous manque en outre une armée anglaise et un Wellington, sans lesquels le soulèvement de l'Espagne serait resté impuissant.

Un autre intérêt français, et un intérêt de premier ordre, se trouve engagé dans la question que nous débattons aujourd'hui. Il sera permis à un vieux libéral de pousser un cri d'alarme, au nom de la liberté plus sérieusement menacée qu'elle ne le fut jamais chez nous.

La guerre prolongée c'est la guerre à outrance, et la guerre à outrance, c'est la révolution à outrance, c'est le désordre à outrance. C'est, en fin de compte, le despotisme à outrance. Au sortir de là, on cherche un abri quel qu'il soit; une dictature, une tyrannie, qui sait? Une restauration impériale. En France, tout arrive, comme vous savez.

J'adjure les amis de la liberté d'y prendre garde : nous venons de mettre les pieds sur une route bien connue, trop connue, sur celle qui conduit au despotisme d'en haut, après avoir passé par le despotisme d'en bas. Parcourir une fois de plus ce chemin, ce serait discréditer à tout jamais la liberté dont l'anarchie a grand soin d'emprunter et de profaner le nom. Déjà nous commençons à désapprendre ce peu de liberté que nous savions! Laissez faire la guerre de partisans, elle nous donnera, vous pouvez m'en croire, une belle éducation constitutionnelle! Elle nous enseignera l'obéissance aux lois, la pratique du droit et le respect de la justice! Elle nous donnera l'habitude et le goût des vrais progrès! Elle nous apportera ces mœurs austères et dignes, ce gouvernement de soi, cette indépendance individuelle et locale, cette résistance à l'arbitraire qui font les peuples libres !

Que les champions de la république y soient attentifs : la conclusion d'une paix prochaine et honorable est sa seule chance de salut en France. Si, en cherchant à copier l'élan héroïque de 92, on nous fait craindre la copie plus ou moins fidèle du régime révolutionnaire d'alors, si la guerre prolongée remet plus ou moins entre des mains violentes l'administration des départements et le gouvernement du pays, vous verrez la France rurale, qui n'est pas fort républicaine, se lever un beau jour et mettre fin à la république.

La république ne durera qu'à la condition de rallier autour d'elle le parti de la liberté, c'est-à-dire le parti de la paix. Nous, libéraux, nous n'avons point de prévention contre la république ; pour peu qu'elle ne signifie pas l'anarchie et la tyrannie, nous la soutiendrons volontiers. C'est la forme de gouvernement qui nous divise le moins à l'heure qu'il est ; et que nous importent d'ailleurs, en face des effondrements actuels, les formes de gouvernement ? Aucun homme éclairé ne repousse la république prise en elle-même ; nous ne repoussons que la république sans mœurs républicaines, la république sans républicains, la république sans liberté. Pour ce qui me concerne, le nom de république m'effarouche si peu, que je propose en ce moment même d'en créer une. Les deux pays que j'aime le mieux, après le mien, sont deux républiques, la Suisse et les Etats-Unis.

Il faut rentrer le plus tôt possible dans les voies régulières, qui sont aussi les voies libérales ; il faut en venir à consulter la France, à savoir ce que le pays veut, à marcher avec ensemble vers un avenir meilleur. Si la guerre se prolonge et s'exaspère, adieu nos chances de relèvement ! Elles s'en iront avec nos chances de liberté. Le relèvement est une œuvre immense qui ne se passera point de la paix: Sans la paix, je dis plus, sans l'apaisement, impossible d'entreprendre ce travail qui est notre unique espérance et dont la pensée fait battre les cœurs patriotes.

Une fois en possession de la paix réelle (et la paix honorable sera la seule réelle), nous pourrons désarmer, économiser, décentraliser, diminuer le gouvernement et accroître la liberté. Nous pourrons nous rendre compte de notre maladie intérieure, remonter aux causes morales, aux causes profondes, des désastres que nous avons subis ; nous pourrons faire notre examen de conscience, nous reconnaître, nous repentir, nous réformer, entrer dans des voies meilleures, éviter ces vieux écueils du latinisme où nous nous sommes tant de fois brisés. Tout cela sera difficile, mais tout cela sera bien beau ; j'entrevois, lorsque j'y pense, une grandeur nouvelle qui attend mon pays, une influence nouvelle, et je demande à Dieu de nous épargner la guerre à outrance qui nous rejetterait brutalement vers un tout autre avenir.

Ne nous laissons pas dire qu'en nous résignant à l'indépendance de l'Alsace, nous commençons le démembrement de la France. Sans avoir la passion de cette unité excessive qui a fait souvent notre force et plus souvent peut-être notre faiblesse, je suis loin de souhaiter pour la France un fédéralisme impuissant. Mais c'est précisément la lutte révolutionnaire qui menace de nous pousser dans ce sens-là. Voyez les tentatives de fédération anarchique qui se sont produites à Toulouse et à Marseille. C'est un symptôme dont on fera bien de tenir compte : pour peu qu'un régime irrégulier et violent se perpétue, pour peu que l'état de guerre achève de devenir l'état de désordre, la France, occupée ici par l'étranger, surexcitée ailleurs par les passions extrêmes, effrayée plus loin par le retour des pratiques subversives, pourrait bien se disloquer.

La perte d'une province n'a jamais tué un grand pays

et il serait aisé de montrer, l'histoire à la main, que la Prusse, pour ne parler que d'elle, date sa grandeur de son amoindrissement : c'est après Iéna, après la perte d'une grande partie de son territoire, que la Prusse nouvelle est née, que Stein a mis la main à son œuvre, qu'on a marché vers la liberté, qu'on a recueilli les forces nationales, et que les anciens marquis de Brandebourg se sont préparés à devenir empereurs d'Allemagne.

Cet exemple n'est pas le seul et nous en découvririons dans nos propres annales, à l'époque des guerres anglaises, quand la France presque entière et Paris même était occupé par l'ennemi. Non, les défaites n'ont jamais tué que les pays qui mouraient de leur belle mort.

Athènes, vaincue et subjuguée par Sparte, n'est pas morte ; mais la Grèce corrompue est morte sous la conquête romaine. Rome elle-même était morte, on peut le dire, morte par ses vices et par son énervement, avant d'être mise au tombeau par les barbares. Odoacre et ses Hérules auraient-ils tué Rome, par hasard ?

L'INTÉRÊT DE L'ALSACE

I

Un mot avant d'aborder la seconde partie du sujet : on me demandera peut-être pourquoi je suppose que le nouvel état aura la forme républicaine, comme Strasbourg avant Louis XIV, comme Mulhouse jusqu'à la révolution française.

Libre à lui d'en adopter une autre, si cela lui convient ; je n'ai pas la moindre envie d'attenter à l'indépendance de ses résolutions. Mais il me paraît évident que l'Alsace État neutre sera l'Alsace république. Les monarchies coûtent cher ; un petit pays peut s'accorder difficilement le luxe d'une liste civile et d'une armée permanente. Ensuite, les rois se font rares et n'en a pas qui veut. Enfin, les rois neutres sont les plus rares de tous ; or un État neutre aurait besoin de découvrir quelque part un roi neutre, c'est-à-dire un roi qui ne fût allié par le sang ni à la maison royale de Prusse, ni à aucune des dynasties françaises, ni à une famille régante quelconque. Souvenez-vous de la candidature Hohenzollern.

Cela dit, j'entre en matière, et il ne me sera pas difficile de prouver que l'arrangement proposé est celui que doit souhaiter passionnément l'Alsace dès l'instant où elle perd l'espoir de demeurer française.

L'Alsace assurément ne serait pas à plaindre, car nous

vivons dans un temps où les pays privilégiés ce sont les petits pays, et particulièrement les pays neutres. Plaignons les grands pays, tous surchargés d'impôts, tous accroissant de jour en jour leur dette, tous exposés à soutenir des guerres cruelles. La grandeur se paie cher, quand les conflits internationaux prennent ce caractère terrible, quand la rivalité des armements amène cet état vraiment intolérable d'écrasement et de fièvre dont nous avons été témoins.

J'ai parlé de grandeur ; il en est de plusieurs sortes, grâce à Dieu, et celle qui se déploie dans ces petits pays ne me semble pas la moins enviable. Le monde entier vient de voir quelle mission d'humanité ces petits pays peuvent remplir, quels services ils peuvent rendre à leurs grands voisins, quel refuge ils ouvrent, quelle charité ils exercent, quelles initiatives généreuses et fécondes ils savent prendre.

Et cette grandeur n'est pas la seule qui soit à leur portée. Depuis que j'habite la Suisse, je suis frappé du mouvement des idées, des ressources intellectuelles que renferment les plus humbles centres, de l'abondance vraiment inouïe des conférences et des cours, et, mieux que cela, du noble élan moral qui se déploie sous l'influence de l'Évangile. Voilà un petit pays qui se fait compter, qui marque son rang et non certes le plus bas, dans tout ce qui constitue la grandeur réelle, dans la bienfaisance, dans la recherche du vrai, dans le service de Dieu et des hommes, dans les choses de l'intelligence, dans la pratique de la liberté, dans les succès même de l'industrie.

A ce point de vue de l'industrie, l'Alsace ne sera pas moins bien placée que la Suisse. La liberté du commerce est la règle naturelle des petits pays neutres. En adoptant ce principe, l'Alsace ne tardera pas à voir toutes les lignes de douanes s'abaisser devant elle ; avec l'Angleterre, la Belgique et la Suisse, cela ira de soi ; avec la France pareillement, et je n'ai pas besoin d'en dire la raison. Quant à l'Allemagne, elle s'empressera, j'en suis sûr, de rivaliser avec nous, en matière de bons procédés vis-à-vis de la nouvelle république.

Je vous l'ai déjà dit, cette Alsace sera le plus heureux pays du monde. Considérez sa situation financière : point d'armée, point de marine à solder, point de forteresses à entretenir, point de liste civile et point de gros traitements. En fait de dettes, elle aura sans doute à supporter sa part proportionnelle de la dette française ; mais il ne sera que juste de lui attribuer, par un article du traité, une indemnité considérable destinée à réparer les maux de la guerre et à restaurer les monuments publics.

Militairement, l'Alsace pourra se donner les institutions de la Suisse, qui fournissent une forte armée défensive et n'écrasent pas le pays.

Au point de vue de la politique générale, l'Alsace aura, comme la Suisse et la Belgique, l'inappréciable avantage de ne se mêler à rien et de ne prendre parti pour personne. Aucune politique n'est plus simple et plus sûre d'attirer le respect universel que la politique de neutralité, quand elle est loyale.

Rien n'empêche enfin qu'au point de vue religieux les deux communions qui se partagent l'Alsace ne puissent vivre en bons termes, ainsi qu'elles le font au sein des cantons suisses.

Le vrai moyen d'éviter les conflits se trouve dans la liberté religieuse, dans la distinction fermement maintenue du spirituel et du temporel, et au besoin dans cette séparation de l'Église et de l'État, que l'Amérique pratique avec tant de succès, et dont il serait glorieux pour la république alsacienne de donner l'exemple à l'Europe.

Je concevrais que l'Alsace eût, en dépit de sa petitesse, la très-grande ambition de devenir un pays modèle. La mission qui lui appartient, comme intermédiaire de la France et de l'Allemagne, est une mission qui peut devenir magnifique.

Pourquoi Strasbourg ne serait-il pas quelque jour un

centre scientifique de premier ordre? Une Université importante y trouverait naturellement sa place, et le succès du Polytechnicum de Zurich prouve qu'il y a bien des besoins de ce genre à satisfaire. Un vaste courant d'idées va sans cesse d'Allemagne en France et aussi de France en Allemagne.

Et remarquez que si l'Alsace neutre peut devenir le plus heureux pays du monde, l'Alsace annexée à l'Allemagne peut devenir le plus malheureux. Je me refuse à indiquer ce qui ne se réalisera pas, je l'espère; mais chacun devine les froissements de tous genres qu'entraînerait une telle situation. Il y aurait là un pays sujet, qui ne se sentirait pas sur un pied d'égalité avec les autres pays allemands; il y aurait un pays suspect, où les intrigues réelles et imaginaires de la France provoqueraient d'incessantes persécutions.

II

L'Alsace peut croire qu'un Français ne prévoit pas sans douleur l'événement qui la séparera de nous; nous la regretterons beaucoup : nous avons eu là des compatriotes dévoués, une pépinière de bons soldats et de généraux, des hommes distingués en tout genre. Bien plus, l'Alsace a fourni à la vie générale de la France un élément dont la valeur est grande et qui ne se trouvait pas malheureusement dans toutes nos provinces, l'esprit de liberté et de modération.

Je suis certain que, de son côté, l'Alsace nous regrettera. Toutefois n'exagérons rien; ses regrets pourront être diminués par le spectacle de nos tiraillements et de nos défaillances. Que deviendrons-nous? Triompherons-nous de la maladie qui nous mine? Serons-nous dans quelques années un de ces pays qu'on envie, ou un de ces pays qu'on plaint ? Douloureux problème qui est posé, non résolu. En ma qualité d'optimiste, je m'attache à la solution favorable et je conçois de grandes espérances pour mon pays ; mais dans l'hypothèse même du relèvement, les difficultés seront telles, il y aura un si rude labeur à accomplir, que l'Alsace pourra goûter le bonheur de son indépendance sans qu'on ait le droit de l'accuser d'ingratitude.

L'indépendance est une source légitime de joie, et cette joie sera d'autant plus vive que nos anciens compatriotes sortiront du régime des préfets allemands et des souffrances d'une occupation militaire. Ne craignons pas d'ajouter que la situation nouvelle fera disparaître les appréhensions que le clergé catholique avait conçues. Comme l'annexion opérée par Louis XIV avait été un coup porté au protestantisme en Alsace, le clergé craignait que l'annexion opérée par le roi Guillaume ne fût un coup porté au catholicisme. Il est évident que la crainte n'avait pas le moindre fondement, mais la création d'un État libre la fera en tout cas disparaître. La liberté a toutes les solutions.

L'INTÉRÊT DE L'ALLEMAGNE

I

On n'a cessé de me dire, depuis que je cherche à faire valoir la transaction proposée ici : « Vous ne persuaderez jamais l'Allemagne, l'Allemagne a son idée arrêtée ; voyez comme elle continue la guerre, déterminée à atteindre son but, réclamant toujours la même chose et la réclamant d'une façon absolue. »

Je ne me découragerai point toutefois, car, si je sais que l'Allemagne est déterminée à atteindre son but, je sais également que ce but de sécurité future sera mieux atteint par la neutralité qu'il ne le serait par la conquête.

Que l'Allemagne ait continué la guerre, il n'y a pas lieu d'en être surpris : aucune offre sérieuse ne lui a été faite jusqu'à présent ; elle n'a pas eu une seule occasion de faire la paix en atteignant son but.

Qu'est-ce qu'une indemnité pécuniaire? Qu'est-ce que la garantie des puissances, dans les termes où l'on songeait à l'offrir? Qu'est-ce que le démantèlement sans la neutralité? Qu'est-ce, enfin, que la proposition de s'en remettre à un arbitrage européen et de donner un blanc-seing aux médiateurs? Lorsqu'il s'agit de si grands intérêts et lorsque de si grands sacrifices ont été accomplis, les nations qui se respectent ne donnent pas de blanc-seing.

Le projet dont nous parlons a un tout autre caractère.

En quoi diffère-t-il du programme allemand?

L'Allemagne ne prendra pas possession de l'Alsace ; mais la France cessera de posséder cette province qui appartiendra désormais à la zone de neutralité, formant la clef de voûte sur laquelle repose la paix de notre Europe.

L'Allemagne ne s'établira pas à Metz et à Strasbourg, mais toutes les forteresses seront rasées et le quadrilatère d'où partaient les attaques françaises cessera d'exister. Le sacrifice à imposer à la France sera tel que notre force offensive se trouvera anéantie sur notre frontière de l'Est. Nous aurons perdu cette position formidable de la Moselle, des Vosges et du Rhin où nous avions accumulé les forteresses, les camps retranchés et les arsenaux. Ce changement énorme ne serait pas hors de proportion avec l'importance des victoires de l'Allemagne. Il serait bien plus rassurant pour les États du Sud qu'une conquête maintenant la contiguïté des deux pays et surexcitant les désirs de revanche.

Mais, dit-on, l'Alsace demeurera française de cœur et ce sera à recommencer ; la neutralité que vous nous proposez n'est autre chose qu'une menace perpétuelle pour l'Allemagne et qu'un danger perpétuel pour la paix.

Un parti français se formera bien vite dans ce pays qui ne sera neutre qu'en apparence ; des intrigues françaises y seront sans cesse à l'œuvre ; il y aura lieu à une surveillance continuelle. Et qui sera chargé de ce terrible office ? Le seul pays qui y ait un intérêt direct, c'est-à-dire l'Allemagne. Elle aura tous les embarras de la conquête, et n'en aura pas les avantages. Épier les manœuvres, censurer le langage des journaux et des hommes publics, formuler des plaintes fréquentes et mal accueillies, ce ne serait pas seulement faire un triste métier, ce serait multiplier les occasions de conflit amenant à leur suite les chances de guerre. L'Alsace, de son côté, serait tiraillée entre ces deux grands voisins et, plus misérable encore qu'indépendante, elle maudirait sa situation provisoire.

J'ai tenu à exposer cette objection et à lui laisser toute sa force. Elle est plausible à première vue ; je ne crois pas qu'elle résiste à un examen attentif. Je crois encore moins que l'inconvénient signalé, à supposer qu'il ait quelque réalité, puisse être mis en balance avec les inconvénients autrement graves qui se rattachent à la conquête.

Et d'abord, si l'on prévoit des intrigues et des difficultés dans l'Alsace neutre, on fera bien d'en prévoir aussi dans l'Alsace conquise. C'est là que se déploieront passionnément les tendances françaises ; on pourra faire taire les journaux, on n'empêchera pas la circulation des idées. Pour le coup, l'Allemagne aurait à faire un triste métier ! Et remarquez que l'entraînement de l'Alsace vers la France ne grandirait pas seul sous un tel régime, l'entraînement de la France vers l'Alsace croîtrait dans la même proportion. Délivrer nos compatriotes d'un joug imposé et maintenu par la force, ce serait l'idée fixe de la France ; aucun parti de la paix ne se formerait chez nous.

D'ailleurs le système de l'annexion laisse les forteresses debout, c'est-à-dire qu'il conserve le quadrilatère et qu'il maintient l'importance militaire de l'Alsace. Nouveaux motifs pour qu'elle tente notre ambition.

Ceci ressemble terriblement au provisoire. Je suis enclin à chercher le définitif d'un tout autre côté. Ayons foi à la liberté, croyons qu'un pays libre ne tarde pas à aimer son indépendance, croyons qu'un pays heureux fait lui-même la police des intrigues qui menacent son bonheur et que cette police est la seule efficace. Je comprendrais certaines inquiétudes, si le temps devait manquer à l'Alsace pour s'attacher à ses nouvelles institutions ; mais le temps ne lui manquera pas. Après l'épouvantable guerre de 1870, il y aura forcément une époque de lassitude et d'épuisement. Pendant bien des années, aucune attaque nouvelle n'aura lieu, par la raison très-simple que cela sera impossible. On ne refait pas en deux jours des finances et des armées; on n'opère pas en deux jours la grande transformation militaire par laquelle nous devrons évidemment passer. Or, pendant cette période de paix forcée, l'Alsace jouira de ses libres et heureuses institutions : elle verra naître dans son sein ce patriotisme local dont la vivacité s'accroît en raison même de la petitesse du pays. Au bout de quelques années, soyez-en sûrs, le patriotisme alsacien laissera peu de place aux manœuvres du patriotisme français; on continuera d'aimer la France, on aimera avant tout l'Alsace.

A ce motif de sécurité vient s'en joindre un autre, dont il serait difficile de nier la valeur. La garantie européenne, qui ne signifie pas grand'chose quand elle demeure vague et générale, acquiert une importance inappréciable lorsqu'elle s'applique à l'indépendance des États neutres. Dès que cette indépendance est menacée, la sécurité de l'Europe entière est menacée du même coup. Aucune des armées d'occupation que l'Allemagne pourrait entrenir dans l'Alsace conquise, n'opposerait un obstacle aussi sérieux aux entreprises françaises que cette surveillance jalouse du monde entier.

II

Remarquez que, dans ce que je viens de dire, j'ai supposé l'Allemagne préoccupée de sa sécurité, étrangère à toute pensée d'agression future. L'Alsace neutre ne serait pas moins incommode pour une attaque allemande que pour une attaque française; son mérite est précisément de fortifier toutes les défensives et de décourager toutes les offensives.

Si l'offensive entrait dans les desseins du peuple allemand, il aurait tort, je l'avoue, de renoncer à la plus belle position qu'on puisse souhaiter lorsqu'on veut envahir son voisin et satisfaire ses désirs de conquêtes. Mais je crois l'Allemagne sincère lorsqu'elle désavoue de tels désirs; or de toutes les façons de les désavouer la plus nette, la plus concluante, la plus honorable, c'est l'acceptation de l'Alsace neutre.

Si l'Allemagne écarte ainsi la conquête actuelle, elle écarte par là même les conquêtes à venir, elle se pose comme puissance pacifique et conservatrice, elle réfute par un seul acte un très-grand nombre d'accusations.

Il n'est pas indifférent pour elle de se mettre ainsi en règle avec ce sentiment du monde moderne qui repousse de plus en plus le droit de conquête. Nous n'avons pas à revenir sur ce que nous en avons dit : le progrès qui se prépare n'est pas accompli sans doute; mais il se prépare, et c'est quelque chose. Éviter une conquête, et la remplacer par une garantie équivalente, ce serait faire acte de modération, d'habileté et de bon goût.

Les Allemands ont toujours soutenu que cette guerre avait chez eux un caractère exclusivement défensif et qu'ils se proposaient une seule conquête, celle des garanties de la paix à venir; il dépend d'eux de confirmer leurs paroles par des actes.

Avant peu, si l'Allemagne n'y prend garde, les rôles pourraient être intervertis. L'opinion de l'Europe se modifie à vue d'œil. Elle a commencé par nous donner tort : l'Allemagne repoussant notre attaque et reportant l'invasion chez nous a eu presque tout le monde pour elle. Mais cela change, et la force morale, cette puissante alliée des armées allemandes, tend à se déplacer. Juste ou non, ce changement est de nature à frapper un esprit aussi clairvoyant que celui du comte de Bismarck.

Bien des gens se tournent aujourd'hui contre l'Allemagne en vertu d'une impatience naturelle qui a son côté légitime. La guerre devient chaque jour plus épouvantable par les masses dont elle dispose, par les armes qu'elle emploie, par la proportion des ruines et des massacres. En se prolongeant, la guerre se gâte, passez-moi l'expression; elle ne recule devant rien; saisie elle-même de ce sentiment d'impatience qui s'empare de nous tous, elle veut en finir; elle écrase, elle entre dans la voie des représailles féroces et des destructions sans merci. Or, devant un tel spectacle, l'opinion s'en prend au vainqueur; on pense que la continuation de la lutte dépend surtout de lui. C'est à lui qu'il appartient de proposer une paix modérée qui assure à l'Allemagne la sécurité et qui puisse être acceptée honorablement pour la France.

Un cri a déjà retenti : *Væ victoribus!* Ce cri a quelque chose de généreux; nous avons si souvent dit : Malheur aux vaincus! Il n'y a pas de mal à dire une fois, malheur aux vainqueurs! La victoire a ses grands périls et ses grands devoirs; une heure vient où le vainqueur peut compléter son triomphe, et peut le compromettre.

Il faut compter avec ces sympathies que les grandes infortunes finissent toujours par réveiller dans notre cœur. La France, en dépit de ses fautes, n'est pas le premier pays venu, ses chutes participent à sa grandeur.

III

Je ne présenterais pas à l'Allemagne les considérations qui précèdent, si je pensais, comme a paru le croire jusqu'à présent M. de Bismarck, que la France ne pardonnera jamais ses défaites, que le sort réservé à l'Alsace et à la Lorraine n'y changera rien, qu'en tout cas la paix ne sera qu'une trêve, qu'il ne s'agit pas de régler un état définitif, mais d'organiser une situation provisoire en vue d'une guerre prochaine. Tant que l'Allemagne est persuadée de cela, il est naturel qu'elle fasse passer la stratégie avant la politique : prendre et garder les positions militaires les plus solides, conserver les forteresses, préparer le succès rapide de la nouvelle marche sur Paris, tel est le plan auquel elle doit s'arrêter.

J'ai besoin de protester contre ces idées ; elles sont fausses, et j'en rends grâce à Dieu, car pour peu qu'elles fussent fondées, nous aurions devant nous, au lieu d'une perspective de paix, la certitude d'une guerre indéfinie et qui, cette fois, ne serait pas localisée. Il faut traiter de la paix dans un esprit de paix, je dirais presque avec la foi en la paix ; et cette foi ne s'appuie pas sur des impressions vagues, elle s'appuie sur de sérieux motifs. Qu'il me soit permis de les exposer.

Je serai sincère ; il y a du vrai dans l'objection de ceux qui prétendent qu'en posant les armes nous songerons à les reprendre, pressés par le désir d'une revanche, et quel que soit d'ailleurs le sort de l'Alsace et de la Lorraine. Au premier moment il en sera peut-être ainsi, en apparence du moins ; mais laissez faire le temps et la réflexion. La guerre actuelle a produit l'horreur de la guerre. Ce sentiment, qui ose à peine se manifester aussi longtemps que dure l'excitation de la lutte, se montrera plus tard avec une énergie croissante.

On verra se former en France un parti de la paix, qui sera le parti de la liberté. Ce parti s'organisera en Allemagne comme en France, et une ère bien plus pacifique qu'on ne l'imagine s'ouvrira, je l'espère, pour notre Europe, à mesure que le libéralisme absorbera le militarisme.

Quoi qu'il en soit de cette espérance, le fait est que la passion guerrière a beaucoup décru en France et qu'on nous fait tort en nous jugeant d'après nos sentiments d'il y a cinquante ans. Si la France s'est laissé entraîner à cette guerre, si la force de résistance a fait défaut, si les clameurs de quelques villes ont imposé à la plus grande partie du pays un silence coupable et que nous expions douloureusement, il n'en est pas moins vrai que la majorité

chez nous ne cherche ni la revanche de Waterloo, ni la revanche de Sadowa, et que la frontière du Rhin a vu baisser
d'année en année le nombre de ses partisans.

Que la guerre se termine par une paix écrasante ou
déshonorante, le vieux patriotisme belliqueux reprendra
son empire, j'en conviens; mais que la paix soit modérée,
et nous verrons commencer chez nous la propagande des
sentiments de modération et de paix. Il est telle paix qui
peut conduire à l'apaisement. Entre Allemands et Français
la haine est un peu factice et ne sera pas durable, à moins
qu'on ne prenne soin de l'éterniser en pratiquant le droit
de conquête et en se préparant ouvertement pour une nouvelle lutte.

La guerre, comme on la faisait autrefois, avait un certain charme auquel notre nature française était particulièrement sensible. La guerre, comme on la fait aujourd'hui,
n'exige pas moins de vaillance, mais la place y manque un
peu pour l'élan chevaleresque et pour l'héroïsme indivi-
duel; je doute que nos soldats partent désormais pour leurs
campagnes avec l'entrain joyeux de jadis.

Puis, ne comptez-vous pour rien la transformation militaire qui va s'opérer? Il est impossible que la France n'a-
dopte pas le système des landwehrs; or, ce changement
considérable amènera deux résultats. En premier lieu,
nous traverserons une période transitoire qui sera une période d'impuissance: à l'épuisement causé par la guerre de
1870 viendront se joindre les difficultés qu'entraîne une
institution nouvelle. En second lieu, le système des landwehrs contribuera, plus que quoi que ce soit au monde, à
nous donner le goût de la paix.

Nous aimions la guerre, en partie à cause de notre tempérament gaulois, en partie aussi à cause des facilités que
donnent les armées permanentes. Nous ne craignons pas
de nous battre, l'Europe ne le sait que trop, mais nous
craignons beaucoup de nous déplacer. Ce n'est pas pour
rien que nous sommes le peuple le moins émigrant de l'an-

cien monde. Faire campagne en personne, quitter nos affaires, nos champs, nos familles, pour exercer au loin le métier de soldat, cela nous plaira médiocrement. J'ai toujours cru que le désarmement le plus efficace, en ce qui nous concerne du moins, c'était l'adoption du système des landwehrs.

Si vous joignez à tout cela l'impression produite par une paix honorable, vous serez disposé à penser avec moi qu'on se trompe en supposant la France portée à entreprendre une nouvelle guerre. Donnez-nous une Alsace neutre au lieu d'une Alsace conquise, et, sans oublier nos défaites, nous penserons moins à les venger qu'à gagner des batailles d'un autre genre et qu'à travailler, en y consacrant toute notre énergie morale, au relèvement de notre pays.

Je l'ai déjà dit: cette guerre c'est la condamnation de la guerre ; elle a soulevé un sentiment d'horreur qui ne s'effacera pas de longtemps et qui constitue une véritable garantie de paix.

Le côté victorieux et brillant de la guerre a presque disparu : c'est quelque chose d'horriblement sérieux; c'est une besogne formidable et triste; il y a trop de victimes pour que les vainqueurs eux-mêmes puissent se réjouir.

Ce qu'il y a de glorieux s'éclipse derrière ce qu'il y a de funèbre. Un sentiment de désastre pèse lourdement sur tous les cœurs. Ce n'est pas le moment de mettre en doute la possibilité d'une paix future et de se défier de la générosité. Vous ne croyez pas à la réconciliation ! Au point de vue de la politique vulgaire, vous avez raison; mais il est une autre politique, qu'on traite de chimérique, parce qu'elle est idéale. Celle-là ne voit pas seulement les garanties matérielles, les places fortes, les défilés de montagne, l'affaiblissement d'un pays voisin ; son regard découvre des garanties d'un ordre supérieur : elle croit à la puissance des idées, à l'influence des sentiments élevés, à l'action de l'opinion publique, aux triomphes pacifiques de la liberté, et pourquoi ne pas le dire, à la bénédiction de

Dieu. Cette politique-là, qui est la grande, ne désespère
pas ; elle sait sacrifier beaucoup pour recueillir beaucoup
plus ; elle espère la réconciliation des peuples et elle l'ob-
tient.

IV

Redescendons, je le veux bien, au point de vue des intérêts. Quels sont les motifs pour l'Allemagne, de consentir à une transaction ?

La paix modérée a le grand mérite d'être la paix prompte, par conséquent elle assure à l'Allemagne un double
bienfait : elle n'a plus à redouter l'hiver et son cortége de
maladies ; elle n'a plus à résoudre ces terribles questions
de bombardement, qui prennent, lorsqu'il s'agit de Paris,
des proportions inquiétantes, et dont une politique habile
(je laisse de côté l'humanité) doit craindre le retentissement.

La paix modérée a un autre avantage : c'est la seule qui
puisse être une paix signée. Il n'est pas indifférent à l'Allemagne qu'un traité consacre régulièrement le résultat de
ses succès. Il ne lui est pas indifférent non plus, je le suppose, que ces offres modérées facilitent l'organisation en
France d'un gouvernement modéré. Si la violence fait naître la violence, la modération engendre la modération ; il
y a en Europe une contagion du bien et du mal ; je ne vois
pas ce que gagnerait l'Allemagne à créer de ses mains,
tout auprès d'elle, une France révolutionnaire, par l'effet
même de la lutte à outrance et par l'impossibilité de trouver quelqu'un chez nous qui voulût signer certaine paix.

La paix modérée présente au point de vue de l'Allemagne d'autres avantages si évidents que je puis les indiquer
sans m'y arrêter.

L'œuvre grande et difficile de l'unité allemande n'aurait

rien à gagner à l'adjonction de territoires annexés malgré eux. L'Angleterre et la Russie peuvent dire ce que coûte les Irlande et les Pologne.

En forçant le succès, on s'expose à le compromettre. L'Allemagne abusant de sa victoire, refusant de s'arrêter à la transaction qui assure sa sécurité, opérant un grand déplacement de forces, affichant une prépotence qui menace les autres peuples, risque d'exciter bien des jalousies et bien des craintes. L'Autriche pensera à ses provinces allemandes, la Russie à ses provinces baltiques, on se mettra à parler de la Hollande et de la Suisse ; l'Angleterre se sentira isolée et affaiblie. De là à provoquer de nouvelles guerres, il n'y a pas loin. Étrange résultat d'un système qui s'est donné la mission d'assurer la paix et qui, à force de maintenir sans concession aucune les garanties matérielles de cette paix, prépare à notre Europe toute une série de guerres !

V

Non-seulement l'Allemagne mettrait la paix en péril si elle agissait ainsi, mais elle tournerait le dos à sa vraie grandeur. Loin de tirer trop parti de ses avantages, il est permis de dire qu'elle n'en tirerait pas assez parti ; en prenant nos provinces, elle diminuerait sa situation, loin de l'accroître.

Cette situation pourrait être si magnifique ! Du jour où l'Allemagne se prêterait à une transaction, elle ferait tomber bien des accusations et bien des haines et satisferait dans son propre sein tous ceux qui aspirent ardemment à la paix, qui trouvent qu'une guerre trop continuée devient une guerre mal justifiée.

L'Allemagne a devant elle une occasion unique de se poser aux yeux de l'Europe comme la puissance conservatrice par excellence. C'est un rôle digne de son ambition, puisqu'elle en a. Comme garantie de sécurité et aussi comme moyen de grandeur, rien n'égalerait cette modération dans le triomphe. L'Allemagne, et plus particulièrement la Prusse, n'aurait certes pas à se plaindre de la médiocrité des résultats consacrés par une paix modérée.

L'unité allemande réalisée et admise par toutes les puissances, le roi de Prusse devenu chef d'un immense empire, l'Alsace neutre et les forteresses démantelées supprimant désormais la crainte d'une attaque française, tout cela serait obtenu par la paix modérée.

Et je ne parle pas de la contribution de guerre. Je ne parle pas non plus de la belle initiative dont l'Allemagne pourrait se saisir aux applaudissements du monde entier.

Si elle osait être tout à fait grande, si elle obéissait aux inspirations d'une politique assez habile pour être généreuse avec audace, elle exécuterait spontanément ses engagements envers le Danemark. Bien plus, elle convoquerait un congrès à Berlin et donnerait elle-même l'exemple de ce progrès après lequel soupire l'Europe, et qui s'appelle le désarmement. Réduisant à deux ans le service dans la ligne, diminuant la durée du service dans les landwehrs, elle apporterait à notre vieux monde exténué, écrasé, fatigué de la guerre jusqu'au dégoût, le bienfait inespéré de la réduction des armements.

Voilà des garanties de paix un peu plus solides, on peut m'en croire, que la conquête de l'Alsace et de la Lorraine. Voilà une paix qui produirait l'apaisement; l'Europe se féliciterait de voir au centre du continent un très-grand pays heureux dans la guerre, mais empressé de se tourner vers la paix, entrant dans les voies libérales et opposant une barrière aux ambitions de la Russie. Le congrès de Berlin opérerait la révision du droit international en ce qui concerne les usages de la guerre sur terre et sur mer. Plusieurs de ces usages sont atroces, et, bien qu'on ne puisse se flatter d'ôter jamais à la guerre son caractère dur et cruel, il y a certainement quelque chose à faire pour réduire les nécessités militaires à des limites beaucoup plus étroites. Il ne saurait être indifférent à un pays tel que l'Allemagne de se placer à l'avant-garde du progrès. Après avoir excité bien des sentiments hostiles, il serait certes habile de rallier ainsi les sympathies. Par l'abandon des exigences extrêmes, par le désarmement, par la proposition de traités assurant le respect de la propriété sur mer, adoucissant le code militaire, organisant l'arbitrage européen, elle prendrait son véritable rôle et commencerait cette mission libérale, pacifique et aussi conservatrice, qui est évidemment la sienne.

J'ai parlé d'habileté, j'aurais pu parler de générosité; mais je ne veux pas prendre l'attitude d'un suppliant, et il ne me convient pas de présenter à l'Allemagne d'autres considérations que celles qui touchent à ses intérêts. Restons sur le terrain de la politique. On saura avant peu si le comte de Bismarck possède la grande habileté ou s'il n'a que la petite. La grande habileté tient compte des avantages moraux, plus encore que des avantages matériels; elle tient compte des âmes. Et par cela même, elle seule est réellement habile, parce que seule elle se place sur le terrain de la vérité. La vérité est dans une région plus haute qu'on ne le suppose en général; les hommes qui tournent l'idéal en ridicule ne savent pas que l'idéal c'est le réel, en politique comme ailleurs.

Il serait déplorable que la stratégie fît trop invasion dans la politique, et que M. de Moltke empiétât sur M. de Bismarck. On dit que nous n'aurions pas eu la guerre actuelle si les traités de 1815 n'avaient pas laissé l'Alsace aux mains de la France. Je n'en sais rien; en tout cas, le traité qu'il s'agirait de signer en 1870 assurerait à l'Allemagne une tout autre position que les traités de 1815 : l'Alsace république neutre, Metz et les autres forteresses démantelées, c'est un immense changement. Joignez à cela la grande Allemagne constituée dans son unité, le système des landwehrs faisant le tour de l'Europe et constituant, en France surtout, le plus efficace des désarmements; le prestige militaire enfin assuré à l'Allemagne par sa récente campagne, et vous avouerez qu'elle peut vivre en pleine tranquillité, à moins qu'elle ne se donne la tâche de préparer des guerres nouvelles en refusant les conseils de la modération.

Ces conseils ne seront pas refusés, je l'espère. Le discours royal qui vient d'être lu à Berlin n'exprime, au sujet de la sûreté des frontières allemandes, qu'un désir fort sensé auquel l'Alsace neutre satisferait parfaitement [1].

On aura beau taxer la modération d'imprudence, les esprits vraiment élevés, et j'ajouterai vraiment politiques, comprendront tous ces imprudences-là. De tels esprits ne manquent pas en Allemagne, et le cœur du prince royal n'est pas le seul qui batte pour la paix.

La plus belle des victoires de l'Allemagne, ce sera celle qu'elle aura remportée sur elle-même.

[1] Je parle du discours royal, et non des commentaires qui y ont été joints.

L'INTÉRÊT DE L'EUROPE

I

L'Alsace est la clef de notre maison ; impossible de la livrer aux Allemands ! L'Alsace est la clef de notre maison ; impossible de la laisser aux Français ! Voilà ce qu'on entend dire en France et en Allemagne. La conclusion ressort d'elle-même : la clef ne saurait être remise ni aux uns ni aux autres ; cette clef des deux maisons, ce passe-partout, doit être placé entre les mains d'un pays neutre. La nécessité d'une neutralité alsacienne apparaît ici avec le caractère de l'évidence.

Il y a effectivement en Alsace une porte toute grande ouverte, et ce n'est pas seulement la porte de l'Allemagne ou la porte de la France : c'est la porte par laquelle passe la guerre lorsqu'elle veut troubler jusqu'au fond le repos de l'Europe.

A-t-on tenu à ne pas fermer cette porte des grandes guerres ? On le dirait, en vérité. Consultez une carte, vous verrez que l'Alsace constitue la seule lacune dans cette zone neutralisée si prudemment établie entre les Français et les Allemands. Un enfant de dix ans, auquel on demanderait quel est le moyen d'empêcher la rencontre sanglante des deux peuples, mettrait son doigt sur la carte et dirait : « Voilà le trou qu'il faut boucher. »

Un trou, une brèche, une porte, qu'on nomme ceci comme on voudra, le fait est que la discontinuité de la zone neutralisée semble avoir pour but exprès de ne pas prévenir les guerres. Après la Belgique neutre vient le Luxembourg neutre ; puis on saute par-dessus l'Alsace, pour atteindre la Suisse neutre. On est obligé de traverser l'Alsace lorsqu'on veut se passer la fantaisie de se battre. La guerre actuelle l'a bien prouvé ; bon gré mal gré, il a fallu resserrer le plan d'attaque et de défense entre Bâle et le Luxembourg.

En complétant la zone neutralisée, on la fortifiera dans une large mesure. Tant qu'on laisse ouverte la porte d'Alsace, la neutralité de la Belgique, du Luxembourg et de la Suisse ne revêt pas suffisamment le caractère d'une institution européenne, d'un intérêt, disons mieux, d'un principe de premier ordre. Nous nous en sommes tous aperçus : si le respect des trois pays neutres a été maintenu, il ne l'a pas été sans quelques mollesses et sans quelques hésitations. N'avons-nous pas entendu des hommes qui passent pour avoir le sens politique, et qui proposaient d'arranger les affaires en donnant à l'Allemagne le Luxembourg, c'est-à-dire en agrandissant la porte de moitié !

La neutralité des trois pays acquerra une valeur immense, le jour où un quatrième pays leur sera adjoint. Ce jour-là, le rempart de la neutralité s'achèvera ; il y aura entre les deux grandes nations militaires une muraille de la Chine ; je me trompe : un solide boulevard formé par la garantie, désormais ardente et vigilante de toutes les puissances qui aiment la paix.

L'engagement de prendre fait et cause pour les neutres quand ils sont attaqués deviendra ainsi un véritable devoir, un devoir accepté et pratiqué. La zone neutralisée se sera fait comprendre en se complétant. Dès lors, l'organisation d'une police de la paix en Europe pourra passer du domaine des chimères dans celui des réalités. Tous auront les yeux sur l'espace sacré dont le respect importera à tous. L'indépendance des neutres ne sera plus à la merci d'un caprice, d'une sympathie, d'une défaillance, d'un avantage passager, d'un changement de cabinet en Angleterre, d'un changement de gouvernement en France. Le devoir de protéger la zone neutralisée sera devenu la plus solide maxime du droit international.

Tout ceci me semble avoir à un tel point le caractère de l'évidence, que je me prends à espérer un peu. Qui donc, juste Ciel, aurait intérêt à laisser ouverte la porte de la guerre?

Je le demande à l'Allemagne elle-même, cette garantie d'une zone neutre dorénavant ininterrompue, ne lui vaut-elle pas dix fois mieux que la conquête? Non-seulement celle-ci est odieuse et prépare des guerres nouvelles au lieu d'amener la paix, mais elle maintient cette contiguïté des deux nations qu'il importe de supprimer à tout prix. Elle fait commencer l'attaque un peu plus à l'Ouest, et voilà tout. Avec l'Alsace neutre, augmentée de la Lorraine allemande, il ne se rencontre plus nulle part un seul pouce de frontière commune à la France et à l'Allemagne; un épais tampon est établi pour parer le choc. L'agresseur, quel qu'il soit, est forcé de commettre un crime dès son premier pas, en violant l'indépendance d'un pays neutre; et ce crime a les proportions d'un attentat européen.

II

Quand on veut une paix stable (et tel est le but proclamé, je dis mieux, le but réel de l'immense majorité en Allemagne), le plus sûr moyen consiste à ne pas abuser de la victoire. En user est légitime; en abuser est odieux, et par là même dangereux. Annexer l'Alsace et la Lorraine c'est, dit-on, une garantie de paix! Vis-à-vis de nous peut-être, quoique j'en doute; mais il ne faudrait pas, en prenant ces précautions contre une guerre française, se préparer deux ou trois guerres avec d'autres puissances.

Je ne parle pas d'une nouvelle guerre avec la France, et toutefois, comment n'y pas croire? Soit que la prise de possession de l'Alsace demeure un simple fait, soit qu'un traité la reconnaisse à titre de droit, elle laissera dans les cœurs français un indestructible désir de vengeance.

Vous aurez beau faire, la principale garantie de paix sera toujours l'apaisement. Avoir en Europe une nation d'irréconciliables, ce serait s'y prendre étrangement pour préparer la sécurité de l'avenir.

Il faut à l'Europe une paix bien faite, et non pas une veillée des armes.

Avec l'Alsace pays conquis et pays sujet, avec l'Europe inquiète et jalouse, avec la France en quête de vengeances, nous ferons bien de renoncer une fois pour toutes à la paix. Une politique imprudente à force de précautions et manquant son but à force de le dépasser, aura sacrifié d'un seul coup le fruit des victoires allemandes et l'avenir de l'Europe. Au lieu de rentrer chez soi, de licencier les landwehrs, de convoquer un congrès, de donner l'exemple du désarmement, de prendre les nobles initiatives et de constituer l'unité d'un grand peuple pour l'accomplissement d'une mission de paix, il s'agira de rester l'arme au bras et la mèche allumée regardant de l'autre côté des Vosges, et regardant aussi du côté de l'Autriche, de la Russie et de l'Angleterre. Alors le terme de la guerre reculera indéfiniment devant nous; il faudra nous contenter d'une trêve fiévreuse entre deux batailles.

Un pays neutre et libre, c'est la fin; un pays conquis, c'est le commencement.

D'autre part, il est assurément de l'intérêt de l'Europe qu'un trop grand déplacement des forces ne s'opère pas dans son sein. S'il est une théorie de l'équilibre qui a vieilli, il en est une qui restera éternellement jeune, parce qu'elle sera éternellement vraie.

Toujours les prépotences amènent à leur suite des réactions. Louis XIV et Napoléon en ont fait l'expérience; l'Allemagne pourrait la faire à son tour.

Le comte de Bismarck ne discerne-t-il pas déjà dans l'incident russe, dans l'attitude adoptée par l'Angleterre et l'Autriche, l'indication de ce malaise que fait naître l'idée d'une Allemagne trop puissante et d'une France trop affaiblie?

Il est certain que l'Europe, sans la France, ne se reconnaîtrait plus elle-même. J'ai horreur des exagérations, surtout des exagérations soi-disant patriotiques, mais la France supprimée ou amoindrie outre mesure jetterait la politique internationale dans un trouble difficile à calmer.

La question qui se pose pour l'Europe, c'est aussi celle de savoir ce que deviendra l'Allemagne elle-même. Question redoutable, car de sa solution dépend l'avenir de notre ancien monde tout entier. Selon que l'Allemagne absorbera la Prusse ou que la Prusse assujettira l'Allemagne, nous entrerons dans une ère de tranquillité ou dans l'ère d'insécurité définitive.

Si l'Allemagne absorbe la Prusse, tout en plaçant une dynastie prussienne à sa tête, le libéralisme l'emportera bientôt sur le militarisme. Les Allemands n'ont rien de ce qui caractérise les peuples essentiellement militaires. La gloire des armes les touche peu; ils ne trouvent aucun charme à la guerre considérée en elle-même, et ce n'est pas eux qui se battront pour le plaisir de se battre. L'unité de l'Allemagne satisfait pleinement à leur ambition, et l'organisation de cette unité leur donnera assez de besogne pour occuper pendant longtemps leur inexpérience politique.

Je n'en dirai pas autant de la Prusse. Dans le cas où, pour son malheur, pour celui de l'Allemagne et pour le nôtre, elle créerait l'Allemagne unie sans s'y absorber glorieusement, il est clair qu'un tout autre esprit présiderait à cette transformation. On s'occuperait moins de discuter des lois et de réaliser des progrès que d'organiser des régiments et de donner à tous les États de la Confédération l'empreinte de la bureaucratie berlinoise. Ainsi l'Allemagne tournerait le dos à sa grande mission de puissance pacifique, conservatrice et libérale.

L'Europe ne saurait l'ignorer, tout dépend ici d'une seule chose : la guerre actuelle va-t-elle ou non se terminer par une paix modérée et prompte ? Si l'état de guerre se prolonge, si le système de conquête l'emporte, l'Allemagne s'effacera évidemment derrière la Prusse. Et la raison en est fort simple : le rôle du militarisme ne prendra pas fin, par le fait même que la guerre ne sera pas finie. Adieu le désarmement ; adieu le soulagement des populations épuisées par le service militaire ; adieu la création de l'arbitrage européen ; adieu les perspectives de liberté et de paix ! Après avoir combattu, il faudra se préparer à combattre encore ; après avoir conquis, il faudra se préparer à de nouvelles conquêtes. Lorsqu'on préfère les solutions violentes aux solutions modérées, on se condamne à l'ambition ; l'Allemagne deviendra ambitieuse par nécessité, elle qui ne l'est pas par tempérament.

Avec un tel état de choses, l'Europe devrait s'attendre à tout. Le système entier des alliances serait bouleversé. Il est des alliances pacifiques et conservatrices ; il est des alliances perturbatrices et menaçantes. A moins qu'une transaction honorable ne termine la guerre actuelle, la France désespérée cherchera des alliés partout et à tout prix. Quelle chance pour les puissances remuantes et que n'arrêtent pas des scrupules trop gênants ! N'avons-nous pas vu la Russie mettre à profit les anxiétés générales pour obtenir, avec une habileté peu recommandable, la révision du traité de Paris ?

Un autre péril menacerait la paix de l'Europe : la France exaspérée pourrait devenir une France révolutionnaire.

Quand un pays tel que celui-là est en feu, quel est le pays qui peut se croire à l'abri de l'incendie?

La paix modérée donne seule chez nous des chances aux hommes modérés; les exigences extrêmes peuvent préparer le triomphe des partis extrêmes. Alors, c'est la révolution à l'état chronique, une maladie contagieuse s'il en fut: que l'Europe y fasse attention. Je ne souhaite à personne le voisinage d'une France disloquée, furieuse, en proie à la fièvre, acceptant tous les hommes et tous les moyens.

Il importe donc à l'Europe, comme à la France, comme à l'Alsace, comme à l'Allemagne, et je ne crains pas d'ajouter, comme à la Prusse, intéressée la première à ne pas compromettre les fruits prodigieux de ses succès et de sa politique, il importe au monde entier que l'indépendance d'un pays neutre vienne remplacer dans le futur traité de paix la prise de possession d'un pays conquis. En complétant la zone neutralisée, en fermant la terrible porte des guerres, on préviendra autant que possible ce fléau de la guerre générale qui serait le mal suprême. Un sûr instinct l'a dit à l'Europe; elle a pressenti que, si la lutte n'était pas localisée, nous subirions une tempête après laquelle il resterait à peine quelques débris, débris de civilisation, débris de liberté.

La zone neutralisée localise les guerres. Le rasement des forteresses d'Alsace et de Lorraine enlève à la France sans le donner à l'Allemagne un quadrilatère qui a surtout servi et qui servirait surtout à l'offensive; affaiblir l'offensive et fortifier la défensive, tel est le but que l'Europe doit se proposer partout.

Un problème redoutable est maintenant posé. De la manière dont il sera résolu dépend, pour longtemps peut-être, l'avenir de la civilisation. Un petit État libre de plus, c'est peu de chose en apparence; c'est beaucoup si l'on songe à cette tendance qui crée de nos jours les grosses agglomérations et menace de créer aussi les gros despotismes.

Le pangermanisme n'est pas loin et le panslavisme est prêt à lui faire face. Nul ne sait jusqu'où pourrait nous entraîner le principe des nationalités, tel qu'il ose se formuler.

En présence de si grands périls, les puissances médiatrices ne sauraient se renfermer plus longtemps dans le rôle impuissant et effacé qui jusqu'à présent a été le leur. Je ne leur reproche certes pas de ne pas être intervenues les armes à la main, elles auraient généralisé la guerre; je leur reproche de n'avoir pas eu de programme. Elles n'ont présenté que des propositions vagues; elles n'ont recommandé aucune base solide soit pour l'armistice, soit pour la paix. Le jour où elles patroneraient ouvertement une transaction donnant satisfaction réelle à l'Allemagne et préservant la France d'un sacrifice par trop douloureux, elles auraient chance d'être écoutées. D'un côté comme de l'autre, on commencerait par trouver les conditions bien dures; d'un côté comme de l'autre, on finirait par réfléchir.

CONCLUSION

J'ai tâché de me renfermer strictement dans le sujet que j'avais à traiter. En recherchant les termes d'une transaction qui satisfît, par une garantie autre que la conquête, au désir de sécurité que manifeste l'Allemagne, j'ai écarté les propositions sans valeur dont la discussion nous aurait entraînés trop loin. Quel rapport pourrait avoir avec cette sécurité de l'Allemagne, l'Alsace neutralisée sans devenir un pays à part, la cession d'une partie de nos vaisseaux cuirassés ou de quelques-unes de nos colonies? En quoi l'abandon d'une colonie différerait-il de l'application du droit de conquête?

Pour en revenir à la république neutre d'Alsace, plus j'y réfléchis, plus je me convaincs qu'il y a là une solution telle que doivent l'accepter dans leurs situations présentes l'Allemagne et la France. Je l'ai déjà dit, toute bonne solution est une solution de liberté; ceci nous consolera un peu, nous Français, si nous accomplissons ce douloureux sacrifice. Quant aux Allemands, je le leur déclare avec une loyauté qu'ils auraient tort de mettre en doute, de tous les moyens de fortifier leur frontière, celui-ci est le plus efficace. Leur frontière acquerra une solidité toute nouvelle; le point de départ des attaques françaises sera supprimé; une indépendance et une neutralité, deux remparts au lieu d'un, se dresseront entre eux et nous; la vigilance de l'Europe y tiendra en quelque sorte garnison; les États du Sud se sentiront soustraits à cette inquiétude que leur inspirait un puissant et menaçant voisin; nous nous trouverons aussi loin que possible du protectorat français et de la Confédération du Rhin.

Mais il ne suffit pas, je ne le sais que trop, qu'un traité de paix soit conforme aux intérêts de tous pour que tous y donnent les mains. Il faut à la négociation de la paix les secours de l'esprit de paix. Cet esprit existe-t-il? Je n'ai pas à discuter une pareille question au point de vue de l'Allemagne; qu'elle fasse elle-même son examen de conscience. Quant à nous, notre examen de conscience nous amènera, je le crois, à reconnaître que nos sentiments actuels, que les idées qui ont cours chez nous, que nos manifestations officielles d'une part et nos silences de l'autre font obstacle à la conclusion d'uné paix honorable.

Qu'est-ce que ce déploiement de sentiments haineux dont nous sommes aujourd'hui témoins? On dirait que nous nous appliquons à envenimer, au lieu d'adoucir; nous versons de nos propres mains du poison sur ces plaies de la guerre, qui sont déjà assez douloureuses par elles-mêmes. Nous semblons oublier que notre devoir de chrétiens, que notre devoir de braves gens consiste à procurer la paix. On ne surmonte le mal que par le bien; on ne surmonte la haine que par la charité.

Il y a des haines à surmonter dans les deux pays, et quel compte n'aurions-nous pas à rendre, si nous nous efforcions de les attiser! Il est facile de passionner les âmes, d'exaspérer les instincts mauvais, de lever l'armée des méchancetés, de faire naître la soif des vengeances, disons mieux, la soif du sang.

La cruauté appelle la cruauté, aussi sûrement que la douceur appelle la douceur. Un exécrable héritage de violences et de détestations peut être transmis aux générations futures; nous pouvons préparer à nos enfants un avenir qui fera regretter nos misères actuelles.

Je souffre comme Français, et plus que je ne saurais le

dire, quand je vois qu'on excite chez nous ces férocités, sous prétexte de donner à notre peuple la virilité que réclament des circonstances suprêmes.

L'esprit de paix énerverait-il, par hasard, le courage des citoyens? Faudrait-il haïr pour bien combattre? Il fut un temps où nous ne pensions pas ainsi : nous trouvions plus chevaleresque de rendre hommage à la vaillance de nos ennemis.

Loin d'ajouter aux forces de la France, nos rages patriotiques et nos excitations convulsives sont aux yeux de l'Europe un signe évident de faiblesse. Plus forts nous serions plus calmes, et plus calmes nous serions plus justes.

Plus justes ai-je dit; ce n'est pas seulement en effet au nom de la charité, c'est au nom de la justice qu'il faut renvoyer à l'enfer qui les a vomies ces furies de la haine et du meurtre déchaînées parmi nous.

Nous sommes en train de devenir injustes par de là toute mesure.

Le blâme que nous pourrions équitablement infliger à certains actes odieux des Allemands s'affaiblit et perd sa valeur, noyé qu'il est dans l'exagération d'une flétrissure générale. Tenons-nous donc à imiter le premier empire, à transcrire, pour les appliquer aux Allemands et à Bismarck, ces fameux articles du *Moniteur* qui vouaient les Anglais et Pitt à l'exécration de la postérité? C'est une besogne toute préparée et nous ne ferons jamais mieux : Pitt est un monstre, les Anglais sont la honte du genre humain !

Notre passion nous représente aujourd'hui un ministre pervers, un roi cruel et hypocrite, une armée sauvage, une nation sans entrailles et sans conscience, une guerre dont les atrocités n'ont point de précédents dans l'histoire, une invasion de barbares qui dépassent Genseric et Attila.

Je ne veux rien atténuer; tout en faisant la part des horribles nécessités de la guerre, je m'indigne des rigueurs extrêmes qui viennent souvent s'y ajouter. La guerre est le grand coupable, je le sais, et personne ne l'adoucira jamais ; toutefois certains actes restent mauvais, nous avons raison de les réprouver au nom de la conscience universelle.

Cela posé, et le cœur plein de la douleur que me cause ce qui se passe dans mon pays, je n'en éprouve pas moins le besoin d'être juste. Défions-nous de ces maximes unilatérales en vertu desquelles nous trouvons impardonnable chez les autres ce que nous nous pardonnons fort aisément à nous-mêmes.

Nous sommes partis pour envahir, et l'invasion nous paraît le plus odieux des crimes. Nous allions à Berlin, et nous trouvons qu'il y a une perversité sans égale à bloquer Paris. Nous ne serions pas revenus d'une campagne victorieuse, longue et sanglante, sans en rapporter un accroissement de nos provinces de l'Est, et l'Allemagne, lorsqu'elle réclame l'Alsace et la Lorraine, nous fait l'effet d'inventer pour la circonstance un abominable droit de conquête.

Nous serions plus justes, si nous consentions à renverser les rôles : mettons-nous à la place des Allemands. Nous avons été attaqués et envahis par un très-puissant voisin, au XVIIme siècle d'abord, au XVIIIme ensuite, au commencement du XIXme enfin. Cette dernière invasion a été un écrasement ; notre pays a été occupé d'un bout à l'autre, des provinces entières lui ont été enlevées, des réquisitions impitoyables l'ont dépouillé ; il ne s'est délivré qu'après avoir subi le joug pendant plusieurs années. Et maintenant cela recommence : le XIXme siècle est témoin d'une attaque nouvelle ? Que ferons-nous ? Je le répète. Ne penserons-nous pas, nous Français, que cette fois il faut en finir ? Ayant repoussé l'attaque et rejeté la guerre chez l'ennemi, ayant versé dans cette terrible lutte le meilleur de notre sang, ne persisterons-nous pas à combattre tant que nous n'aurons pas obtenu une garantie de paix pour l'avenir, une sécurité pour nos frontières ?

Les peuples étrangers s'étonnent des priviléges que nous

réclamons. Ils croient que leur territoire est aussi sacré que le nôtre, que leurs capitales sont aussi sacrées que Paris. Ils ne nous reconnaissent aucune inviolabilité particulière.

Ils ont raison; ayons le courage de le dire. La France ne peut que s'honorer aux yeux du monde en se plaçant elle-même sur le terrain du droit commun. Nous qui avons supprimé tant de priviléges, nous aurions mauvaise grâce à maintenir celui-là.

Mais, s'écrie-t-on, ceci est une guerre implacable; il dépendait des vainqueurs de la terminer depuis longtemps. Depuis que l'ouverture de M. Jules Favre a été repoussée, c'est une guerre nouvelle, une guerre d'ambition et de conquête, une guerre d'invasion; c'est la guerre offensive qui a remplacé la guerre défensive; c'est la guerre allemande qui a remplacé la guerre française; nous étions responsables de la première; l'Allemagne seule est responsable de la seconde!

Je ne prétends pas que l'esprit de paix n'eût pu inspirer aux chefs de l'Allemagne des résolutions meilleures que celles qu'ils ont adoptées depuis Sedan. Ce cri de leurs propres armées: « La guerre est finie! » exprimait une pensée vraie. On eût pu retourner alors chez soi en se contentant de prendre des gages, de continuer le blocus de Metz, d'achever ou d'entreprendre le siége des places fortes dans les départements qu'on aurait voulu occuper.

Quant à traiter de la paix, il n'y avait pas réellement moyen; on sait quel était le programme de notre gouvernement. Ni un pouce du territoire, ni une pierre des forteresses. A la place de l'Allemagne, aurions-nous accepté de telles bases?

Mais l'empire avait été renversé! Mais la république avait été proclamée! Oui, l'empire avait été renversé, par le roi de Prusse et non par nous. Reste la proclamation de la république.

On sait que je ne suis point hostile à cette forme de gouvernement; je ne saurais admettre toutefois qu'elle possède un caractère de sainteté, une sorte de droit divin, et que l'ennemi soit tenu de s'arrêter devant elle, sous peine de sacrilége. A vrai dire, nous ne saurions présenter aucune de nos formes de gouvernement à titre de garantie; nous en changeons trop souvent. Sommée de se retirer et de rentrer chez elle parce que la république a remplacé l'empire et parce que nous désavouons une guerre malheureuse, l'Allemagne pourrait se retrouver trois mois après en face d'un autre gouvernement, d'un gouvernement belliqueux; il suffirait d'une nouvelle révolution à Paris. Soyons vrais, la république n'est pas une garantie valable.

S'agit-il des cruautés commises par les armées allemandes? Je doute qu'elles rencontrent un juge plus sévère que moi: je ne puis entendre parler d'un village brûlé ou d'un pauvre paysan qu'on passe par les armes sans que mon cœur se révolte. Et néanmoins je suis bien forcé de le dire, la guerre est la guerre. Où s'arrêtent les terribles nécessités qu'elle entraîne? Qui osera fixer leurs limites précises? Nous-mêmes, si nous avions réussi, si nous étions aussi avancés en Allemagne que les Allemands le sont en France, si nous étions forcés de protéger des communications aussi longues contre l'hostilité de tout un peuple, ne recourrions-nous pas à des mesures rigoureuses? Nous avons beaucoup fusillé en Espagne, beaucoup fusillé et pendu au Mexique. L'Allemagne, puisqu'il s'agit d'elle, n'a pas oublié le chiffre de nos réquisitions. Quant aux bombardements, nous avions emporté des bombes et des obus; après nous en être servi à Saarbruck, nous comptions bien, je pense, nous en servir contre Rastadt et Coblence.

Il n'y a pas si longtemps d'ailleurs que les vaisseaux français et anglais jetaient des bombes dans Odessa, ville ouverte. Plus récemment encore, le bombardement de Charleston avait été poursuivi pendant plusieurs mois par l'armée américaine, sans qu'aucun de nous songeât à s'en formaliser.

Je dis tout cela pour l'acquit de ma conscience et dans un sentiment d'impartialité, bien convaincu d'ailleurs que certains actes sont mauvais en eux-mêmes, que le mal est toujours le mal, qu'on ne doit pas le justifier, et que le moment approche où l'indignation du genre humain opérera, qu'on le veuille ou non, une réforme des usages de la guerre. Ce ne sera pas la première, ni la dernière non plus.

Est-il juste enfin de reprocher au roi de Prusse les paroles par lesquelles il rend grâce à Dieu de ses victoires? Je vois qu'on s'en irrite beaucoup, et je me demande pourquoi. Si toute guerre est un crime, on a raison : prier pour un crime, rendre grâce pour le succès d'un crime, c'est une des plus hideuses infamies que le pharisaïsme ait inventées. Mais il est des guerres légitimes ; je dis plus, il est des guerres saintes ; les guerres défensives sont du nombre. A tort ou à raison, le roi de Prusse est persuadé que la guerre actuelle a ce caractère ; en la faisant, en la poursuivant jusqu'à ce que le but défensif soit atteint et qu'il ait obtenu (dans son opinion, j'entends) la sécurité de la frontière allemande, il a le sentiment de remplir un devoir.

Avec ce sentiment-là, on peut prier et rendre grâce. Verser le sang, c'est une chose horrible ; toutefois le soldat qui tue pour défendre son pays remplit un devoir ; qui de nous lui reprochera de s'agenouiller, d'implorer la protection divine, de remercier Dieu pour le succès de ses armes?

Nous ne devons pas faire aux autres ce que nous ne voudrions pas qui nous fût fait ! Néanmoins le juge qui condamne un criminel accomplit un acte légitime, et le prince qui combat à la tête de ses troupes pour protéger la patrie menacée se trouve dans le même cas.

Remplit-il simplement son devoir, ou mêle-t-il à la guerre défensive des pensées d'ambition et de conquête? Ceci est une autre question ; elle relève de sa conscience.

A côté de l'esprit de paix et de l'esprit de justice, je voudrais voir apparaître chez nous l'esprit de liberté. Sans lui, nous aurons de la peine à faire prévaloir une transaction.

Pour réagir contre les excitations violentes, il faut un peu de courage, il faut un peu de cette indépendance personnelle que notre centralisation latine a trop affaiblie. Nous avons pris l'habitude de laisser faire les minorités tapageuses, de suivre les courants sans leur résister, de céder aux entraînements souvent factices dont Paris donne le signal. Et que dis-je, Paris ! une portion de Paris. Plus d'une fois la France a laissé faire Paris, qui laissait faire à son tour une minorité de Parisiens.

Depuis quelques mois, nous ne cessons de trouver des motifs pour nous abstenir et pour nous taire. Nous nous sommes tus au mois de juillet : A quoi bon combattre la déclaration de guerre ! N'était-il pas trop tard ! Ne fallait-il pas suivre le drapeau ? Pouvions-nous nous diviser devant l'ennemi ! Nous nous sommes tus au mois de septembre. Comment dénoncer la fondation quelque peu brutale de notre gouvernement républicain ? La France n'était-elle pas envahie ? Allions-nous rendre à l'ennemi le service de nous diviser ?

A la bonne heure, et je n'y contredis pas ; mais lorsqu'on nous engage maintenant à pratiquer jusqu'au bout cette théorie du silence, je m'inquiète pour la liberté.

N'abusons pas des dictatures ; elles ressemblent beaucoup au despotisme et elles y mènent en se prolongeant. L'unité plus apparente que réelle que l'on crée de la sorte, fournit une force qui, elle aussi, a plus d'apparence que de réalité.

Je crois à la liberté, je crois la liberté bonne en toutes circonstances, et plus ces circonstances sont graves, plus il importe, selon moi, que le pays soit consulté. Étrange doctrine, qui traite la liberté en suspecte et qui tient à sauver le pays sans elle !

Et sur quoi consultera-t-on un grand peuple, si l'on décide sans lui les questions qui l'intéressent le plus, des questions de vie et de mort? Un peuple qui ne gouverne pas ses propres affaires, qui ne les gouverne pas, surtout quand elles ont une gravité suprême, n'est pas un peuple libre; on lui donne peut-être la république, on lui refuse la liberté. Il y a toujours de bonnes raisons pour ajourner la liberté, car de sa nature elle est gênante : elle gêne, mais elle sauve.

A Dieu ne plaise que je veuille attaquer les hommes qui ont accepté chez nous la lourde responsabilité du gouvernement. Leur tâche est difficile, les bons citoyens doivent les soutenir, leur refus de convoquer les électeurs me cause d'ailleurs moins de surprise que de regrets. Il est naturel de redouter un nouvel embarras, lorsqu'on en a déjà beaucoup. Et puis, disons la chose carrément, il est naturel de craindre, lorsqu'on aime ardemment la forme républicaine et lorsqu'on pousse fortement à la guerre à outrance, de voir apparaître une France moins avancée dans ses principes, moins exaltée dans sa passion guerrière.

La grande difficulté des élections a toujours été celle-là. On aurait pu, même après le refus de l'armistice, accepter l'offre de M. de Bismarck, qui proposait de laisser faire partout les élections et de laisser circuler les députés, y compris ceux de Paris, se rendant à l'Assemblée nationale; on aurait pu recourir à l'un des nombreux moyens qui ont été indiqués, et obtenir une représentation du pays, imparfaite sans doute, mais plus réelle que le vote par acclamation dont on a dû se contenter devant l'hôtel de ville de Paris. Ce qu'on aurait pu, on ne l'a pas fait, par la raison très-simple que la France est soupçonnée d'aimer la paix, pourvu que la paix soit honorable, et d'aimer médiocrement la république telle qu'elle se présente en général parmi nous. La république universelle surtout, la république de droit divin et de propagande, de la république à introduire en Autriche, en Prusse, en Saxe, en Bavière, en Danemark, en Suède, en Russie, en Hollande, en Belgique, en Espagne, en Italie et en Angleterre, cette république qui est un dogme et à laquelle se rattachent les amis les plus ardents du régime actuel, ne trouverait pas beaucoup d'appui dans notre représentation nationale.

Ne pas consulter un pays sur ses plus grands intérêts, parce qu'on pense qu'il voterait mal, c'est adopter la théorie même de la tyrannie. Sous ce prétexte à tout faire, on décidera tant qu'on voudra de nous, sans nous et, au besoin, contre nous. Que voulez-vous? nous voterions mal!

Le fait est que, d'ici à peu de semaines, notre avenir sera réglé : la France apprendra ce qu'elle doit être et ce qu'elle va devenir. L'heure est suprême, en effet, et une fois lancés dans le courant troublé des procédés révolutionnaires, nous ne nous arrêterons pas où nous voudrons. Nous changerons parfois de dictatures, voilà tout. Les perspectives du relèvement libéral auront disparu de notre horizon.

Allez dire à des Anglais que le Parlement est bon pour les circonstances ordinaires, mais qu'en temps de crise il pourrait manquer d'énergie, et qu'il faut voiler alors la statue de la liberté! Ils répondront à ces belles phrases, à ces axiomes de salut public, que les temps de crise sont précisément ceux où les peuples qui se respectent tiennent le plus à ne point laisser faire un pas, un seul, sans leur expresse approbation.

Concevez-vous Lincoln renvoyant le Congrès ou ajournant les élections parce qu'une lutte mortelle est engagée, parce que les citoyens sont dans les camps, parce que la moitié du pays est occupée par l'ennemi, parce que celui-ci se trouve presque aux portes de Washington? Non, certes; le Congrès est là, l'opposition est là, les gênes de la liberté sont là. Mais sa force incomparable est là aussi, et sans le congrès, Lincoln n'aurait pas vaincu.

Ceux qui ont eu peur des élections ont trop oublié la

force qu'elles donnent : force pour traiter et force pour combattre. Si la France est pacifique, elle l'est dans les limites de l'honneur national. Le jour où nos députés se trouveraient réunis, leur première déclaration serait contre l'abandon de l'Alsace aux Allemands, la seconde pour la négociation d'une paix honorable. Je ne crois pas que la guerre à outrance et le sombre avenir qu'elle nous prépare fussent précisément de leur goût ; je ne crois pas que le renouvellement de 1792 les séduisît outre mesure ; mais ils seraient patriotes dans le meilleur sens du mot.

Il existe deux patriotismes, nous le voyons bien depuis quelques mois. Il y a celui qui se taisait ou qui approuvait bruyamment en juillet : nous lui devons toutes nos humiliations et tous nos désastres. Il y a celui qui flétrissait en juillet la déclaration de guerre, acceptant les reproches et les anathèmes : si l'on avait écouté celui-là, la patrie n'en serait pas où elle en est.

Eh bien ! la question se pose aujourd'hui de nouveau entre les deux patriotismes, exactement comme au mois de juillet.

Il est un patriotisme qui rêve une guerre éternelle ; cela ne fait que commencer ; les nouveaux camps fourniront six cent mille hommes ; puis viendra autre chose ; tant qu'il y aura un Français en France, on le jettera à la fournaise ! Qui sait ? La guerre localisée deviendra peut-être générale ; on se battra en 1871 plus encore qu'en 1870 ; nous aurons des batailles à léguer à une autre génération, s'il y a une autre génération après tant de morts !

Les patriotes de la paix pensent que le salut de la patrie est quelque chose, que l'humanité est aussi quelque chose et qu'il est permis d'aspirer à la cessation des massacres. Il ne leur est pas indifférent d'ajouter des désastres à nos désastres. Il leur semble fâcheux de créer nous-mêmes pour la France ce péril que les désastres ne créent pas, le péril de perdre son rang parmi les grandes puissances, à force de s'épuiser et de se dissoudre. Répétons une fois de

plus qu'aucun d'eux ne prêterait les mains à une paix déshonorante. L'Allemagne ne doit pas s'y tromper, la paix
qui lui donnerait l'Alsace et la Lorraine n'a pour elle chez
nous ni une majorité ni une minorité : elle n'a personne.
Plutôt que de la subir, la France jetterait loin d'elle le
fourreau de son épée et l'Europe verrait s'ouvrir l'ère si-
nistre, l'ère indéfinie où tout entière elle risquerait de
sombrer.

L'Europe ne saura-t-elle pas s'interposer?

L'Allemagne ne saura-t-elle pas se modérer?

Une transaction est possible; si nous n'en faisons pas
notre programme fermement arrêté, si par notre faute le
sang coule encore, ce sang-là criera contre nous.

J'aime à croire qu'il n'en sera point ainsi. L'heure est
propice : l'héroïsme de la France vient de mettre son honneur militaire en sûreté; celui de l'Allemagne ne court aucun risque et les garanties qu'elle cherche lui sont offertes.

A l'œuvre donc! Qu'au courage de combattre se joigne,
chez nous, Français, le courage plus rare d'envisager notre
situation telle qu'elle est et d'en accepter les conséquences.

Peut-être ce moment où l'on désespère est-il celui où il
faudrait se mettre à espérer. C'est quand on a touché le
fond de l'abîme qu'on remonte. C'est quand l'épreuve a
été sentie et que le châtiment a été compris que l'on rentre
en soi-même et qu'on saisit le progrès.

Il nous fallait le feu de l'épreuve pour nous purifier et
pour nous refondre. On sait comment naquit ce noble mé-
tal, l'airain de Corinthe : il sortit des flammes d'une ville
prise par l'ennemi. Du sein de notre fournaise nationale,
un airain de Corinthe sortira, je l'espère, lorsque les dons
naturels de la France auront été mêlés par cet embrase-
ment avec le sérieux de l'Évangile.

Comme la Prusse nouvelle est née de la défaite de Iéna,
la France nouvelle peut naître du désastre de Sedan. 1806
est la grande date de la Prusse; pourquoi 1870 ne devien-
drait-il pas une des grandes dates de la France?

NOTES

LE LUXEMBOURG

LETTRE AU JOURNAL DE GENÈVE

Valleyres, 14 décembre.

Monsieur le Rédacteur,

A l'heure même où se terminait une campagne que j'ai été heureux de faire avec vous, un coup terrible était porté à notre projet de transaction. Loin de marcher vers la création d'un pays neutre, nous sommes menacés de voir supprimer un de ceux qui existaient déjà. On me demande si la déclaration du comte de Bismarck, relative au Luxembourg, ne ruine pas par sa base cette zone neutralisée dont nous proposions l'achèvement, et qui doit former la garantie principale de la paix en Europe.

Voici ma réponse :

Ce qui est vrai demeure vrai ; ce qui est juste demeure juste ; ce qui est libéral demeure libéral. Si M. de Bismarck a grandi et élargi la porte des guerres au lieu de la fermer, si l'Angleterre prête les mains à la destruction violente d'une neutralité solennellement proclamée, si notre vieux monde trouve bon d'être condamné à la guerre à perpétuité, nous ne pourrons assurément empêcher une pareille catastrophe. Il n'en restera pas moins évident qu'une solution de paix et de liberté a été offerte, qu'elle se trouvait à portée de la main, qu'il n'y avait qu'à la vouloir pour l'avoir.

D'ailleurs on désespère trop vite. Le traité qui stipule la neutralité *perpétuelle* du Luxembourg subsiste encore, grâce au ciel. Quels qu'aient pu être les torts des Luxembourgeois (et il faut réprouver énergiquement cela), nous n'en sommes pas venus, je pense, à admettre la théorie du prince Gortschakoff, en vertu de laquelle une puissance vient déclarer un beau jour que tel traité ne l'oblige plus, qu'il n'existe plus pour elle, parce qu'il a subi des violations. En ce qui concerne spécialement les neutres, la théorie serait pleine de menaces et de périls. Quel est le neutre auquel on ne découvrira pas quelque tort, lorsqu'il conviendra à l'un de ses grands voisins de déclarer anéantie sa neutralité perpétuelle?

Non, je ne parviens pas à me persuader que nous soyons descendus à ce point. Je me prends à espérer au contraire que l'Europe épouvantée et avertie, se serrera plus que jamais autour des neutres, et ne permettra pas qu'on fasse la paix à leurs dépens.

La zone neutralisée traverse une crise, cela est certain; qui sait si elle n'en sortira pas raffermie et complétée?

L'Europe est mise en demeure de choisir. Ou le règne de la force, ou l'empire du droit; ou la neutralité, ou la conquête; ou un avenir de paix, de progrès et de liberté, ou un avenir chargé de tels orages et livré à de telles violences que demain fera regretter aujourd'hui.

Les hommes qui dirigent l'Allemagne ont aussi à choisir. Je crois avoir fait preuve envers eux d'une impartialité qui ne me sera pas pardonnée par tout le monde. Hé bien, je sens qu'en ce moment-ci une question jusqu'à présent irrésolue va recevoir pour moi sa solution, pour moi et pour beaucoup d'autres. M. de Bismarck est-il un grand

Allemand ou un petit Prussien ? A-t-il, comme je suis porté à le croire, du génie politique, ou n'a-t-il que de l'habileté ? Travaille-t-il à constituer l'Allemagne pour une magnifique mission conservatrice et pacifique, ou ne met-il son talent qu'au service d'un militarisme ambitieux, remuant, menaçant pour le repos de l'Europe.

On dirait, à voir sa dernière démarche, qu'il ait voulu battre en brèche l'idée de zone neutralisée qui commence à circuler vaguement. Je n'affirme point qu'il en soit ainsi, et je pense qu'il ne tardera pas à atténuer un procédé dont la violence frappe tous les esprits. S'il en était autrement, nous serions forcés d'admettre qu'il cherche la guerre et non la paix, que la sécurité des frontières allemandes n'est qu'un prétexte, que ce qu'il redoute pardessus tout, c'est une sécurité réelle, qui serait un obstacle aux guerres futures.

Plaignez les amis de la paix. Nouveaux Sisyphes, ils roulent incessamment le rocher qui retombe sans cesse et qui peut-être les écrasera quelque jour. Mais n'importe, ils ne se lassent pas, car ce rocher c'est la paix, c'est la liberté, c'est la civilisation, c'est l'avenir. Et puis, pourquoi perdrions-nous courage ? Dieu a-t-il cessé de régner ? S'il met le devoir devant nous, ne peut-il pas nous donner le succès par surcroit ? Le sort de Sisyphe n'est pas le nôtre ; en dépit de quelques apparences, nous ne sommes pas tout à fait dans l'enfer païen.

Agréez, etc.

A. DE GASPARIN.

L'OBJECTION BANALE

On la rencontre partout : tous les esprits découragés et décourageants (on sait s'ils sont nombreux aujourd'hui !) tous ceux qui voient le côté négatif des choses, qui excellent à découvrir les difficultés, qui abondent toujours en raisons de ne pas espérer et de ne pas agir, tous ceux-là vont répétant : « l'Alsace neutre sera un pays trop faible, le perpétuel jouet de ses puissants voisins. »

Les arguments tranchants ne leur font pas défaut. Passons-les rapidement en revue.

Le temps n'est pas aux neutralités ! — Je ne suis pas de cet avis ; sur trois petits pays neutres, notre temps en a créé deux. Ni la Belgique neutre, ni le Luxembourg neutre n'existaient il y a quarante ans. L'Europe actuelle a précisément une tendance marquée à chercher dans les neutralités la solution des complications qui la troublent, et les garanties de l'avenir.

Autre cause de faiblesse : le respect des traités s'en va ! — Ce fait, honteux et déplorable, serait-il particulier à la seconde moitié du dix-neuvième siècle ? L'histoire se charge de répondre. Le respect des traités ne gênait beaucoup ni Frédéric II, ni la République française, ni Napoléon. Si nous remontions plus haut, à la guerre de Trente ans, au moyen âge, aux invasions des barbares, aux conquêtes romaines, nous verrions apparaître avec une impudeur croissante le règne de la force qui prime le droit. Aujourd'hui du moins la violation des traités fait scandale ; les diplomaties trop peu scrupuleuses éprouvent le besoin de se justifier bien ou mal; l'opinion s'inquiète et parfois s'indigne à la vue des engagements violés. C'est trop peu, et nous y mettons une insigne mollesse; mais les générations qui ont précédé la nôtre ont eu sous ce rapport encore moins d'énergie morale que nous; nous sommes en progrès, et on l'a bien vu ces jours-ci, lorsque la Russie et la Prusse ont essayé de mettre des traités en pièces, et ont reculé devant l'opinion publique.

L'Alsace neutre sera faible, parce que la garantie européenne sera sans valeur! — On a beau jeu pour tourner en raillerie l'intervention des puissances. Mais ici encore il faut se reporter au passé, afin d'être juste envers le présent. Dans le passé, les égoïsmes se déployaient sans vergogne. Nous ne sommes pas fort vertueux et fort généreux; toutefois le sentiment des devoirs internationaux, l'influence des idées générales, la conscience d'une vie commune de l'Europe, ont pris rang de nos jours. L'opinion publique a son mot à dire dans les grandes affaires; la parole n'est point à la force seule, quoi qu'on dise, et jamais peut-être elle n'a eu à compter autant avec le droit. Les violences ne passent pas inaperçues; il n'en était pas ainsi au siècle dernier, et le partage de la Pologne s'opérait alors assez paisiblement. Je ne serais pas surpris si, par l'effet même de l'horreur qu'excite la guerre de 1870, de la réaction que provoquent des politiques sans scrupules, des remords enfin qu'enfante le spectacle d'une médiation dépourvue de vigueur, on voyait se former en tout pays une vraie ligue des honnêtes gens, décidés à défendre la foi des traités et le respect des petits pays neutres.

L'Alsace neutre n'aura aucune consistance, parce qu'elle restera française de cœur et livrée aux intrigues françaises! — Je l'ai déjà dit, et je crois en outre l'avoir prouvé, c'est l'Alsace conquise et non l'Alsace indépendante qui sera agitée par cet esprit-là. La liberté a en elle une puissance dont on ne tient jamais assez compte. L'Alsace indépendante aimera son indépendance; elle sera alsacienne et ne sera plus française. Ne le montre-t-elle pas déjà? Les manifestations qui nous arrivent de ce côté ne prouvent-elles pas à quel point sera vif le patriotisme alsacien? Il y a tellement là un pays, une véritable individualité nationale, une vie énergique qui saura se faire respecter, que la création d'une république d'Alsace se présente comme souhaitable en vertu de sa valeur propre, et alors même qu'il ne s'agirait pas de compléter la zone neutralisée. Mais cette zone existe, Dieu merci, et elle nous fournit notre dernière réponse à l'adresse des esprits moroses qui se lamentent sur la faiblesse du nouvel État.

Il sera bien petit, bien mince; il opposera une barrière bien insuffisante aux ambitions de droite et de gauche! — Je pourrais rappeler que l'Alsace ne sera pas le plus faible des neutres, tant s'en faut. Sa position entre le Rhin et les Vosges, le caractère indépendant et les qualités militaires de son peuple la rendent capable de résister, assez du moins pour mettre l'Europe en demeure. Mais n'oublions pas sa principale force : elle formera la clef de voûte de la zone neutralisée. Qu'est-ce que cette pauvre petite pierre qu'on appelle la clef de voûte? Elle est bien mince! Elle n'est rien, comparée à la masse qui s'entassera sur elle! Cette masse l'écrasera évidemment! Laissez faire, la petite pierre mince soutiendra tout l'édifice, car elle ferme la voûte.

TABLE DES MATIÈRES

	Pages
Sommaire	III
Avant-propos	IX
Un projet de transaction	1
L'intérêt de la France	15
L'intérêt de l'Alsace	30
L'intérêt de l'Allemagne	35
L'intérêt de l'Europe	49
Conclusion	57
Notes. — Le Luxembourg	69
» L'objection banale	72